W0189846

schnipp

schnapp

Durchstarten an der
NÄHMASCHINE 2

Michaela Drosten

*Neues aus
deinem Atelyeah*

ratter

ratter

EMF

EIN BUCH DER
EDITION MICHAEL FISCHER

Inhaltsverzeichnis

Projekte

Willkommen!

... zur zweiten Runde an der Nähmaschine. Auch in diesem Buch erwarten dich wieder spannende Nähprojekte und tolle Styles aus der Atelyeah-Werkstatt. Gemütliche „Reisehörnchen", wärmende „Kuschel-Katzen" oder das „XXL- Strandlaken", auf das auch all deine Freunde passen, und vieles, vieles mehr!

Mit ein wenig Geschick für's Handwerkliche wirst du tolle Sachen für dich oder zum Verschenken nähen. Augenblick mal, du hast noch nie mit der Nähmaschine genäht? Macht nichts. Denn mit diesem Buch kannst du gleich einen Nähmaschinenführerschein machen, den du auf Seite 24 findest. Das Ganze geht ganz leicht, wenn du dir die Seiten 12–23 durchliest und die Seiten 5–12 über Werkzeuge und Materialien anguckst.

Damit dir jedes Modell gelingt, sind unsere Schnittmuster einfach, und die Schritt-für-Schritt-Anleitungen haben viele Fotos. Zudem steht dir das Eichhörnchen vom Atelyeah stets zur Seite. Es gibt dir hilfreiche Tipps und kennt absolut jeden Nähtrick. Außerdem hat es überall Haselnüsse verteilt. Warum? Ganz einfach: An der Anzahl der Haselnüsse kannst du erkennen, ob das Modell einfach ist oder doch schon für Profis. Je mehr Nüsse, desto schwieriger ist das Projekt.

Bei einigen Modellen findest du verschiedene Farbvarianten. So kannst du die Farben und Materialien ganz nach Lust und Laune zusammenstellen. Hast du selbst eine kreative Idee? Mach dein eigenes Ding! Sei dein eigener Designer und zeige es mit deinem Atelyeah-Label.

Jetzt aber los und viel Spaß beim Nähen!

Herzlichst

Michaela Drosten

Hallo, ich bin das Eichhörnchen vom Atelyeah. Ich gebe dir hilfreiche Tipps und verrate alle Tricks. Bei den Projekten habe ich Haselnüsse verteilt, diese zeigen dir, wie einfach oder schwer ein Teil zu nähen ist.

Deine Grundausstattung

Wenn du mit dem Nähen anfangen möchtest, brauchst du dafür ein paar Dinge: Hier wird dir ganz genau erklärt, was und wofür.

WERKZEUGE

Maße

Maßband: Ein Maßband ist super geeignet, wenn du längere Strecken messen möchtest.

Handmaß: Das Handmaß benutzt du für kleinere Abstände. Es ist praktisch, wenn du mal direkt an der Maschine oder beim Bügeln misst.

Geodreieck: Ein großes Geodreieck ist superwichtig. Du brauchst es, um rechte Winkel einzuzeichnen. Es ist außerdem von Vorteil, wenn du lange gerade Linien mit gleichem Abstand zeichnen musst.

Stifte und Marker

Schneiderkreide/Kreidestift: Kreide gibt es als Stift oder am Stück in unterschiedlichen Farben. Am besten besorgst du dir einen Kreidestift in einer helleren Farbe für das Anzeichnen auf dunklen Stoffen.

Bleistift: Für alle anderen Stoffe kannst du prima einen weichen Bleistift verwenden.

Geodreieck

> Geh mit dem Handmaß nicht zu nah ans Bügeleisen. Sonst verformt es sich oder schmilzt sogar.

Handmaß

Maßband

Schneiderkreide

Kreidestift

5

Scheren

Stoffschere: Das A und O beim Schneiden von Stoffen ist eine gute Schere. Sie sollte nicht zu groß für deine Hand sein, aber lang genug, damit du auch längere Strecken leicht schneiden kannst. Schneide mit ihr ausschließlich Stoffe, nie Papier oder Pappe.

Papierschere: Für Papier brauchst du eine Extraschere.

Kleine Schere: Zu guter Letzt ist eine kleine spitze Schere wichtig. Damit lassen sich am besten Fäden ab- oder Stoffe einschneiden.

Zackenschere/Zickzackschere: Etwas Besonderes ist die Zackenschere: Sie ist hilfreich beim Zurechtschneiden von Rundungen, beim Verzieren oder auch beim Sichern von Stoffen, Nahtzugaben und Kanten.

Nadeln

Sicherheitsnadeln: Um eine Kordel oder ein Gummiband durch einen Tunnel zu ziehen, sind große Sicherheitsnadeln gut geeignet.

Nähnadeln: Du nähst zwar mit deiner Nähmaschine, trotzdem brauchst du zwischendurch Handnähnadeln in verschiedenen Stärken und Größen, zum Beispiel zum Knopfannähen. Prima Stärken sind 7er bis 9er. Für alle Nadeln gilt: Je dicker der Stoff, desto dicker die Nadel. Das gilt auch für die Nähmaschinennadeln.

Stecknadeln: Stecknadeln brauchst du zum Zusammenstecken, damit sich Schnittteile beim Nähen nicht verschieben. Außerdem markierst du damit auch schnell und einfach während des Nähens wichtige Stellen. Gut geeignet sind Stecknadeln ohne Glas- oder Kunststoffköpfchen. Die mit Kunststoff können beim Bügeln schmelzen, die mit Glas brechen und deinen Stoff beschädigen. Wenn du merkst, dass eine Stecknadel verbogen oder stumpf ist, sortiere sie gleich aus: Auch sie könnte deinen Stoff beschädigen.
Damit du deine Stecknadeln sofort griffbereit hast, kannst du dir gleich das schicke Atelyeah-Nadelkissen von Seite 24 nähen.

Nadelset

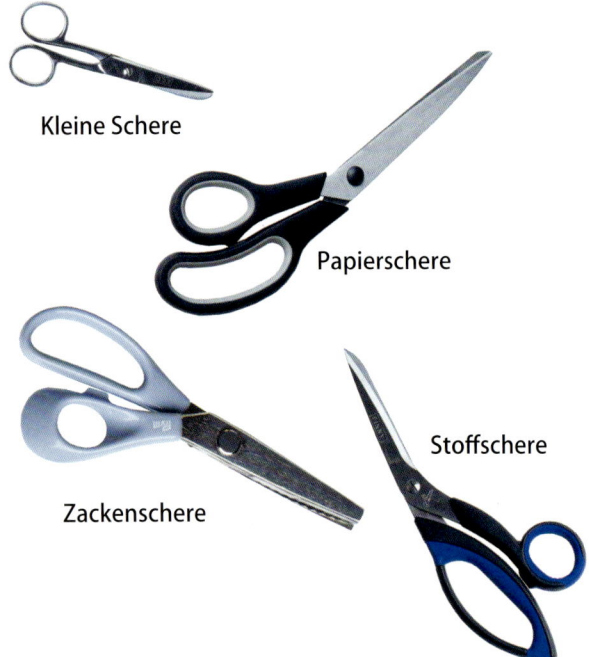

Kleine Schere

Papierschere

Zackenschere

Stoffschere

Nadelkissen

Butterbrot- oder Transparentpapier

Immer, wenn du mit Schnittmustern arbeitest, brauchst du dieses, um die Papierschnitte zu erstellen.

Bügeleisen

Ein normales Dampfbügeleisen (bitte nur unter Aufsicht von Erwachsenen benutzen!) und ein Bügelbrett sollten beim Nähen immer bereitstehen.

Spezialwerkzeuge und Nützliches

Zange für Ösen und Co.: Für das Anbringen von Druckknöpfen, Kam-Snaps, Color-Snaps oder auch Ösen gibt es eine spezielle Zange.

Essstäbchen und Stricknadeln: Zum Ausstopfen mit Füllwatte oder zum Ausformen von genähten Ecken kannst du prima dicke Stricknadeln, Essstäbchen oder die Enden von Holzkochlöffeln benutzen.

Gewichte: Damit die Schnittteile schön auf den Stoffen liegen bleiben, bis du sie festgesteckt hast, lege ein Buch oder stell ein mit Sand oder Reis gefülltes Marmeladenglas darauf.

Es gibt Materialien, die nicht mit dem Bügeleisen in Kontakt kommen möchten. Lege dir für solche Fälle ein Geschirrtuch zwischen Bügeleisen und Material.

Hey Eichhörnchen, warum hast du so wenige Stecknadel-Stacheln?

knack

knirsch

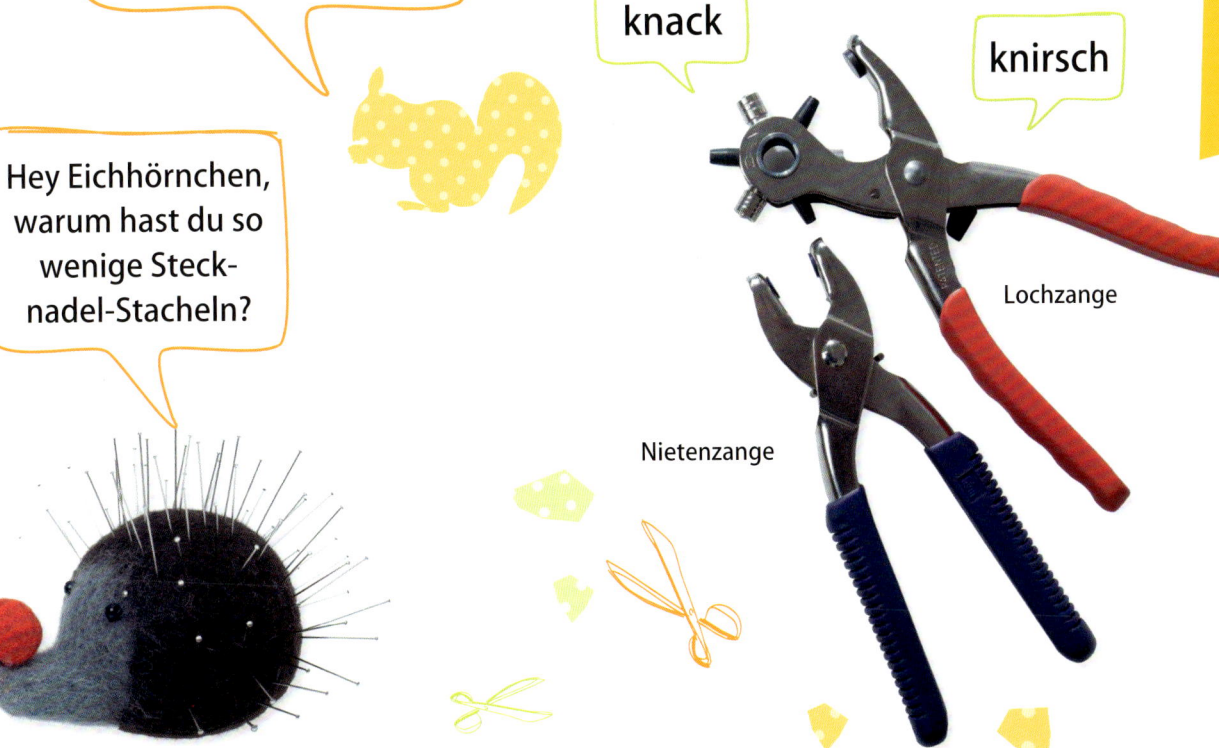

Lochzange

Nietenzange

MATERIALIEN

Stoffe

Baumwollstoffe gewebt: Da es bei den Baumwollstoffen so viele herrliche Motive und Muster gibt, ist dieses einfach zu verarbeitende Material in diesem Buch am häufigsten vertreten.

Baumwollstoffe beschichtet: Diese Stoffe sind wasserabweisend und man kann sie gut abwischen. Pass aber auf beim Bügeln, denn sie mögen keine Hitze!

Sweat und Filz: Du wirst beides hier im Buch wiederfinden. Das Tolle an diesen Materialien: Sie fransen nicht aus und müssen deshalb nicht versäubert werden.

Jerseys, Nickis, Teddy und Co.: Wenn du geübter bist, sind auch die Modelle mit den elastischen Stoffen ganz einfach! Die für die Projekte ausgewählten Baumwollstoffe, Jerseys und Co. haben wir von stoffe.de und Buttinette. Du kannst aber aussuchen, was du magst, oder einfach verwenden, was du schon zu Hause hast.

Egal, welche Stoffe du verwendest, wasche sie vor dem Nähen, damit sie im Nachhinein nicht mehr einlaufen. Denk dran, dass Stoffe, die aus reiner Wolle sind, nicht so gern heiß baden.

(Vlies)Einlagen und Co.

Klebe(vlies)-Einlagen: Es gibt Klebe-Einlagen in verschiedensten Arten und Funktionen. Sie können einen Stoff fester machen, z. B., damit Ösen besseren Halt haben und der Stoff nicht ausreißt. Sie können sehr dick sein, um einem Stoff mehr Volumen und Stand zu geben.

Es gibt auch Einlagen, die nur aus Kleber bestehen und sich wunderbar für das Aufkleben von Filz oder selbst gemachten Applikationen eignen. Die hier eingesetzten Einlagen haben alle mindestens eine klebende Seite (raue Klebepunkte), die immer auf die linke Seite des Stoffs kommt. Wenn du beim Aufbügeln der Einlage den Herstelleranweisungen folgst, ist es kinderleicht.

Stylefix®: Dieses schmale Klebeband ist total praktisch. Bevor du Borten, Schmuckbänder oder auch Klettband aufnähst, klebe sie vorher mithilfe von Stylefix® nach Herstelleranweisung auf.

Nähgarn

Nähgarne gibt es in allen möglichen Qualitäten, Garnstärken und in unendlich vielen Farben. Für die Modelle vom Atelyeah verwenden wir klassische Baumwoll- oder Polyester-Garne. Am besten besorgst du dir diese im Fachhandel. Im Buch ist bei den Materialangaben in den Anleitungen das Garn nicht mit aufgeführt, so kannst du selbst entscheiden, ob du farblich passendes oder lieber ein Garn in einer Kontrastfarbe einsetzen möchtest.

Achte beim Garn darauf, dass es waschbar ist.

Füllmaterial

Füllwatte: Sie wird zum Ausstopfen des Nadelkissens, der Sitztorte und des Hunde-Donuts benutzt. Je nach Verwendung stopfst du die Hülle mal mehr, mal weniger fest aus.

Füllstoff: Füllstoff, wie z. B. Styroporkügelchen oder Dinkelspelz, wird ähnlich eingesetzt wie Füllwatte. Du wirst so etwas für die wärmende Kusche-Katze benötigen.

Verschlüsse

Klettband: Dieser Verschluß wird in verschiedenen Farben und Breiten angeboten. Er besteht aus zwei unterschiedlichen Streifen, die aneinander haften. Damit er gut auf dem Stoff hält, wird er meistens mit einem Zickzackstich aufgenäht.

Druckknöpfe: Der klassische Druckknopf ist aus Metall. Es gibt aber auch welche aus anderem Material. Druckknöpfe sind in vielen unterschiedlichen Größen erhältlich. Um die Knöpfe richtig anzubringen, gibt es eine spezielle Zange. Du kannst aber auch einen Hammer verwenden. Folge am besten der Anweisung des Herstellers.

Kam-Snaps: Sie sind ähnlich wie Druckknöpfe, nur aus Kunststoff, und sie mögen deshalb keine Hitze. Sie werden in vielen Farben angeboten und werden am einfachsten mit einer speziellen Zange angebracht.

Ösen und Kordeln: Um z. B. einen Beutel zuzuziehen, läuft die Kordel durch die Ösen und gleitet so besser.

Knöpfe: Sie sind etwas Herrliches, darum sind sie nicht nur zum Schließen, sondern auch als Deko super geeignet – und sie sind ganz schnell angenäht!

Reißverschluss: Reißverschlüsse für Taschen und kleine Mäppchen gibt es in unzähligen Größen, Materialien, Farben und Aufmachungen. Sie werden mit einem speziellen Nähmaschinenfuß festgenäht. Den musst du dafür an deiner Nähmaschine einsetzen. Für das Buch habe ich Druckknöpfe, Kam-Snaps, Borten, Bänder und Karabiner von Veno verwendet. Farbenmix verkauft auch tolle Bänder und Borten.

Lass dir bei Druckknöpfen, Kam-Snaps und Ösen von einem Erwachsenen helfen. Probier das Anbringen am besten vorher einmal an einem alten Stück Stoff aus.

Druckknöpfe

Borten und Bänder

Mit Borten und Bändern kannst du viele Sachen richtig aufpimpen. Auch in diesem Buch werden bei den Modellen viele verschiedene Variationen eingesetzt. Je nach Art werden Borten und Bänder unterschiedlich ein-, auf- oder angenäht.

Wunderbare Bändervielfalt!

Bügelmotive und Schmuck

Bügelmotive: Aktuell sind Bügelbilder aus Velours mit einer samtigen Oberfläche der Renner. Wenn du beim Aufbügeln den Herstelleranweisungen folgst, ist es kinderleicht. Die für die Projekte ausgewählten Bügelmotive sind von PeppAuf.

Karabiner: Diese kleinen Schnapphaken werden mithilfe einer Stoffschlaufe angenäht.

Webetiketten: Webetiketten lassen deine selbst genähten Sachen so richtig professionell und schick aussehen! Damit sie beim Nähen mit der Maschine nicht verrutschen, kannst du sie vorher feststecken und mit der Maschine annähen.

Lege beim Aufbügeln der Motive am besten ein Geschirrtuch zwischen Motiv und Bügeleisen.

Yeah!

Bügelmotive

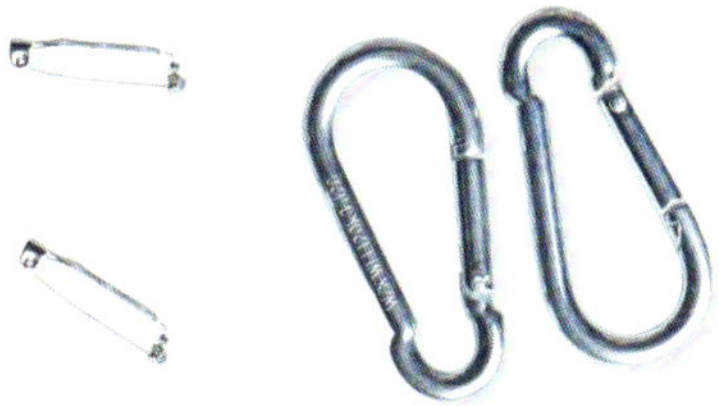

Karabiner

Webetiketten und Labels

11

STOFF VORBEREITEN

Wo ist beim Stoff eigentlich oben? Und wie schneidet man ihn richtig aus? Alles das und mehr erfährst du hier.

Stoffseiten

Jeder Stoff hat eine Vorder- und eine Rückseite. Die Vorderseite ist die, die später außen zu sehen ist. Sie wird auch die schöne oder rechte Seite genannt. Die Rückseite eines Stoffs ist bei einem fertigen Teil später innen oder nicht sichtbar. Sie wird auch linke Seite genannt. Bei manchen Stoffen sind die beiden Seiten kaum oder gar nicht zu unterscheiden. Was tut man dann? In der Regel wird der Stoff im Laden mit der rechten Seite präsentiert. Falls die Seiten also schwer zu unterscheiden sind, mal dir mit Kreide ein ganz kleines Kreuz in eine Ecke auf deinen Stoff oder dein Schnittteil.

Die schöne, hier rote Seite ist die rechte.

Webkante

Die Webkante ist die Begrenzung des Stoffs. Du kannst sie leicht erkennen, denn sie ist bei bedruckten Stoffen z.B. einfach weiß, beschrieben oder gelocht. Achte darauf, dass du die Webkante nicht mitverwendest, denn sie verhält sich anders als der Rest des Stoffs. Schneide sie einfach ab!

Auf dieser Webkante sind Symbole.

Rechts auf rechts

Legst du einen oder zwei Stoffe rechts auf rechts, liegen die „schönen" Seiten innen aufeinander. Du siehst dann die Rückseiten oder auch linken Seiten der Stoffe. Du wirst häufig rechts auf rechts nähen und das Teil danach wenden. Pass also gut auf, dass du rechte und linke Stoffseite nicht verwechselst.

Wenn man rechts auf rechts legt, guckt man auf die linken Stoffseiten.

Stoffbruch

Faltest du einen Stoff rechts auf rechts aufeinander, entsteht an einer Seite eine Falte, die man Stoffbruch nennt. Schneider sagen „in den Bruch legen". Viele Papierschnitte werden direkt an den Stoffbruch angelegt und der Stoff dann zweilagig zugeschnitten. Der Stoffbruch wird dabei nicht durchgeschnitten! Wenn man den Stoff danach auffaltet, ist das Schnittteil doppelt so groß.

Der Stoff liegt doppelt, das Schnitteil wird dann aufgeklappt.

Fadenlauf

Der Fadenlauf (FDL) zeigt, in welche Richtung die Fäden deines Stoffs laufen. Wenn du dir den Stoff genau ansiehst, erkennst du ganz dünne Linien, die senkrecht oder parallel zur Webkante verlaufen. Die parallel verlaufenden Fäden bilden in der Regel den Fadenlauf. Wenn du die einzelnen Schnittteile zuschneidest, ist es wichtig, auf den Fadenlauf zu achten. Rechteckige Schnittteile liegen parallel (also gerade) zum Fadenlauf. In den übrigen Schnittteilen ist ein langer Pfeil eingezeichnet, an dem FDL steht. Beim Auflegen des Papierschnitts muss der Pfeil parallel zum Fadenlauf liegen. Manchmal ist der Fadenlauf in den Schnittteilen identisch mit dem Stoffbruch. Dann liegt der Pfeil auf der gefalteten Stoffkante.

Der Fadenlauf (FDL) ist auf dem Papierschnitt eingezeichnet.

Stoff bügeln

Damit der Stoff schön glatt ist, wird er vor dem Zuschneiden einmal im Ganzen gebügelt. Auch während des Nähens werden z.B. die Nähte auseinander gebügelt. Dafür legst du das Teil mit der Naht nach oben aufs Bügelbrett. Drücke die beiden Nahtzugaben etwas auseinander und bügel sie flach.

Zuschneiden
Schnittmusterbogen, Schnittmuster, Papierschnitt und Schnittteile

Auf dem beigefügten Schnittmusterbogen findest du Schnittmuster für einige Modelle. Du kannst sie leicht zuordnen, denn sie sind farblich markiert und es steht drauf, welches Modell es ist. Die übrigen Schnittmuster sind direkt bei den Anleitungen mit cm-Angaben zu finden. Sie sind meistens rechteckig und lassen sich total leicht mit dem Geodreieck auf den Stoff zeichnen. Alle Schnittmuster sind in Originalgröße und beinhalten eine Nahtzugabe von 1 cm (soweit nicht anders angegeben).

Schnittmuster kopieren

In der Anleitung steht unter den Materialangaben ein Hinweis zu den Schnittmustern. So kannst du die richtigen Teile ganz leicht auf dem Schnittbogen finden. Um ein Schnittteil zu kopieren, legst du Butterbrotpapier oder Transparentpapier auf das Schnittmuster. Nimm den weichen Bleistift und zeichne alles (Linien und Markierungen) nach. Schneide den Papierschnitt mit der Papierschere aus. Damit du später noch weißt, wozu der Papierschnitt gehört, schreibe den Projektnamen darauf.

Schnittmuster auf den Stoff übertragen

Bevor du den Papierschnitt auf den Stoff legst, schau, ob das Schnittteil mehrfach oder sogar im Stoffbruch zugeschnitten wird.
Bei mehreren Schnittteilen legst du die Stoffe rechts auf rechts aufeinander. Wird ein Schnittteil im Stoffbruch zugeschnitten, legst du den Papierschnitt an der dafür markierten Kante auf. Achte dabei auf den Fadenlauf. Beschwere das Schnittteil mit einem Gewicht, damit er beim Feststecken nicht verrutscht. Dann steckst du das Papier am Rand entlang mit Stecknadeln fest. Nimm Bleistift oder Kreide und zeichne die äußere Kante des Papierschnitts nach. Vergiss nicht, auch die Markierungen zu übertragen, wenn es welche gibt.

Schnittteile zuschneiden

Nimm den Papierschnitt vom Stoff. Hast du mehrere Stoffe übereinander liegen, stecke die Stecknadeln wieder in die gleiche Position wie vorher beim Papierschnitt. Jetzt schneide alles sorgfältig aus. Halte dabei die Schere und den Stoff auf dem Tisch, dann geht das Schneiden viel leichter.

Achte bei gemusterten Stoffen darauf, wie die Papierschnitte auf dem Stoff liegen – nicht, dass das Motiv plötzlich auf dem Kopf steht!

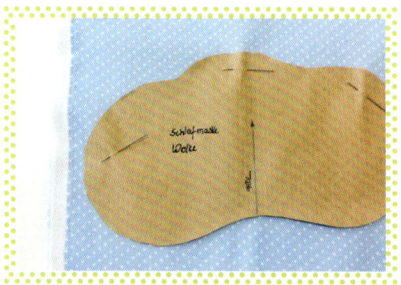

Das Schnittteil wird festgesteckt.

Die Kanten und Markierungen werden auf den Stoff übertragen.

Die Schere wird beim Ausschneiden auf dem Tisch gehalten.

Schnittteile vorbereiten
Nahtzugaben und Nähte

Nähte: Damit du weißt, wo du später nähen musst, zeichne dir entlang der Kante deiner Schnittteile eine Nahtlinie ein. Wenn nicht anders angegeben, hat die Naht 1 cm Abstand zur Kante. Halte beim Nähen den angegebenen Abstand zur Kante ein, dann halten deine Nähte gut.

Nahtzugaben: Den Abstand zwischen der genähten Naht und der Kante ist die Nahtzugabe (NZG). Du brauchst an jeder Kante, die du zusammennähen möchtest, eine Nahtzugabe. Würdest du ohne Nahtzugaben arbeiten, wäre dein fertiges Teil viel kleiner, als du es eigentlich haben möchtest. Bei unseren Schnittmustern brauchst du dir aber gar keine Gedanken um die Nahtzugaben zu machen. Das Eichhörnchen war so nett, die Nahtzugaben gleich zu jedem Schnittmuster hinzuzufügen. So hast du viel weniger Arbeit!
Bei vielen Stoffen oder Modellen ist es besser, entlang der Kanten der Nahtzugaben mit einem Zickzackstich zu nähen, damit sie nicht ausfransen. Das nennt man versäubern.

Stecken oder Heften

Vor dem Zusammennähen von Schnittteilen stecke die Teile immer an der vorgesehenen Naht zusammen. Man kann dazu auch heften sagen. Es ist sinnvoll, die Stecknadeln immer entlang der Linie in den Stoff zu stecken, die du später nähst. Sobald das Nähmaschinen-Füßchen eine Stecknadel berührt, ziehst du sie heraus. Niemals über Nadeln nähen, sonst besteht Unfallgefahr!
Damit du am Ende nicht nur das witzige Atelyeah-Nadelkissen, sondern auch alle Projekte aus dem Atelyeah nachnähen kannst, kommen hier wichtige Vorbereitungen und Übungen. Blätter gleich mal auf die nächste Seite um!

Zwischen der Naht und der Stoffkante ist 1 cm Abstand.

Die Kante ist mit Zickzackstich versäubert.

Die Nadeln sind entlang der Linie gesteckt, die du später nähst.

Vermeide es, über Nadeln zu nähen, damit du nicht aus Versehen eine triffst und sie zerspringt. So schonst du die Nadeln, die Nähmaschinen-Nadel, die Nähmaschine und auch den Stoff.

DIE NÄHMASCHINE

Jede Nähmaschine ist ein bisschen anders,
aber die wichtigen Sachen sind alle gleich!

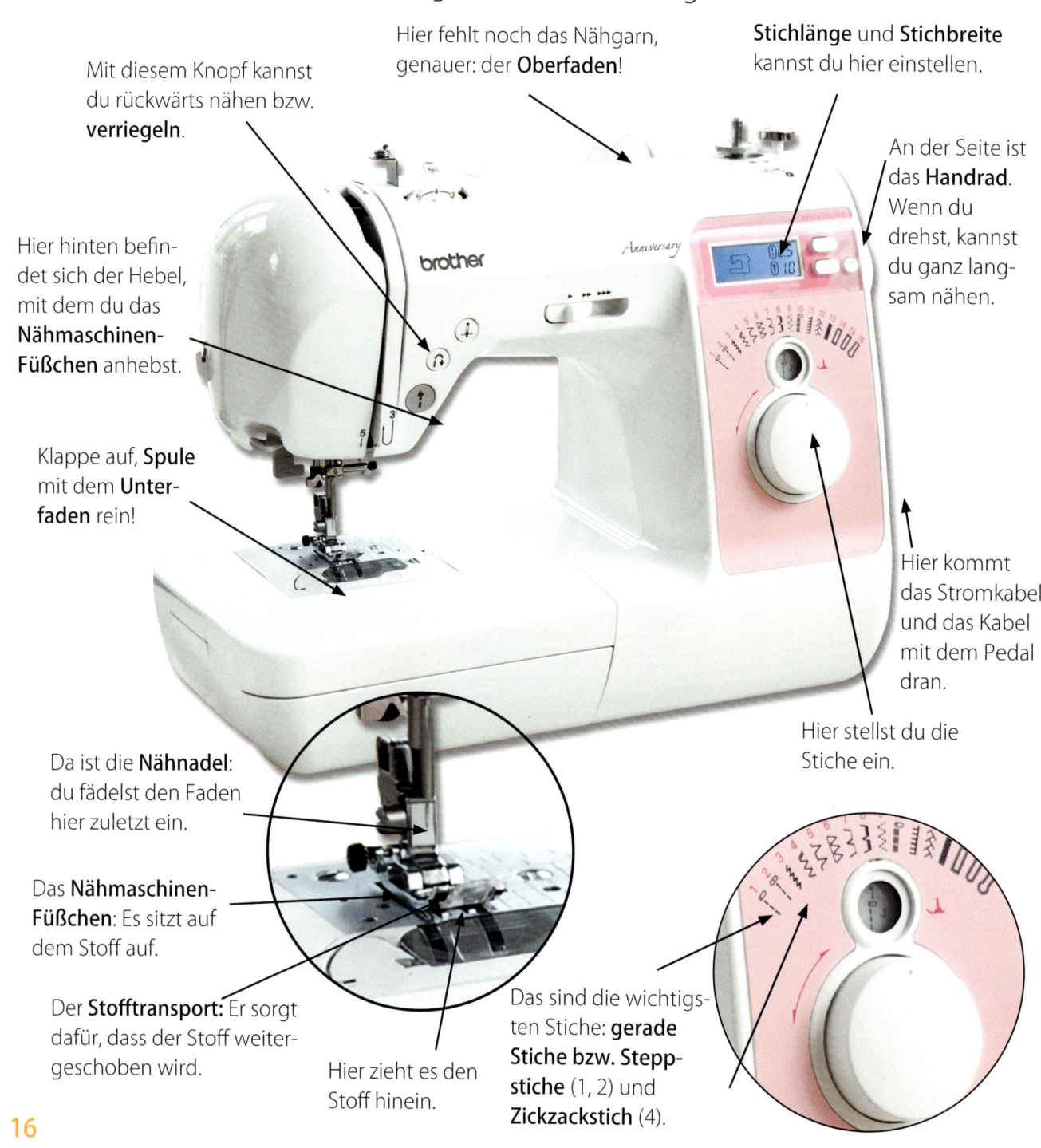

Hier fehlt noch das Nähgarn,
genauer: der **Oberfaden**!

Stichlänge und **Stichbreite**
kannst du hier einstellen.

Mit diesem Knopf kannst
du rückwärts nähen bzw.
verriegeln.

An der Seite ist
das **Handrad**.
Wenn du
drehst, kannst
du ganz lang-
sam nähen.

Hier hinten befin-
det sich der Hebel,
mit dem du das
**Nähmaschinen-
Füßchen** anhebst.

Klappe auf, **Spule**
mit dem **Unter-
faden** rein!

Hier kommt
das Stromkabel
und das Kabel
mit dem Pedal
dran.

Hier stellst du die
Stiche ein.

Da ist die **Nähnadel**:
du fädelst den Faden
hier zuletzt ein.

Das **Nähmaschinen-
Füßchen**: Es sitzt auf
dem Stoff auf.

Der **Stofftransport**: Er sorgt
dafür, dass der Stoff weiter-
geschoben wird.

Hier zieht es den
Stoff hinein.

Das sind die wichtigs-
ten Stiche: **gerade
Stiche bzw. Stepp-
stiche** (1, 2) und
Zickzackstich (4).

Nähmaschinenplatz einrichten

Du sitzt optimal an der Nähmaschine, wenn du das Nähmaschinen-Füßchen mittig vor dir hast. Dein Stuhl sollte nur so hoch sein, dass deine Füße komplett den Boden berühren. Platziere das Pedal so, dass dein Fuß bequem darauf steht und deine Ferse den Boden berührt. Sollte der Stuhl oder der Tisch zu hoch sein, kannst du das Pedal auch auf eine kleine Bank oder Ähnliches stellen.

Prickeln

Zum Üben: Kopiere und vergrößere dir die hier abgebildeten Nahtlinien auf Papier oder zeichne sie ab. Garn einfädeln musst du erst mal nicht. Starte, indem du mit dem Handrad der Maschine die Nadel in den Anfang der ersten geraden Naht einstichst. Jetzt setzt du das Nähmaschinen-Füßchen ab. Achte darauf, dass der größte Teil des Papiers links von der Maschine ist, das ist später beim Stoff auch so.

Lenken oder Führen des Stoffs

Jetzt gibst du vorsichtig Gas mit dem Pedal. Nähe entlang der Linie bis ans Ende. Halte dabei das Papier mit der rechten Hand gerade und führe es mit der linken. Du brauchst das Papier nicht zu ziehen oder zu schieben. Die Nähmaschine holt sich das Papier und auch später den Stoff ganz von allein. Probier es einmal aus, indem du beim Nähen kurz das Papier loslässt.

Verriegeln oder Sichern der Naht

Bei der zweiten geraden Linie machst du zuerst 3–4 Stiche vorwärts, dann dieselbe Anzahl Stiche rückwärts. Dafür gibt es den Knopf zum Rückwärtsnähen bzw. Verriegeln. Achte darauf, dass du die Vorwärts- und Rückwärtsstiche genau übereinander setzt. So sicherst du die Naht. Sie geht nicht mehr auf. Man sagt dazu auch verriegeln. Verriegel ab jetzt an jedem Anfang und Ende alle Nähte.

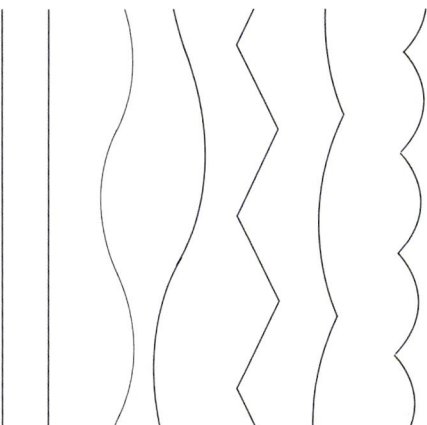

Zuerst wird auf vorgezeichneten Nahtlinien geübt.

Die rechte Hand hält gerade, die linke Hand führt. Nicht schieben!

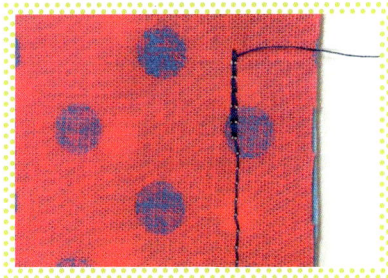

So sieht das aus, wenn eine Naht am Ende korrekt verriegelt ist.

Probiere verschiedene Geschwindigkeiten aus, so bekommst du ein Gefühl für das Pedal und die Maschine.

Wellen, Kurven und Rundungen nähen

Nach den geraden Linien sind auf dem Papier Wellen eingezeichnet. Um den Anfang mit der Nadel zu treffen, legst du das Papier etwas gedreht ein. Werden die Rundungen kleiner, hilft dir eine kürzere Stichlänge, die du an deiner Maschine einstellen kannst, z. B. 1,5 mm. Wenn du in eine minikleine Kurve kommst, halte kurz an. Hebe das Nähfüßchen hoch. Drehe das Blatt leicht und setze das Füßchen wieder ab. Achte darauf, dass dabei immer die Nadel im Papier und später im Stoff versenkt bleibt.

Nadel versenkt lassen, Füßchen hoch, Papier drehen, Füßchen wieder runter!

Spitzen und Ecken nähen

Nähe bis kurz vor die Ecke oder Spitze. Die letzten Stiche bis in die Ecke kannst du am einfachsten mit dem Handrad machen. Beim letzten Stich genau in der Ecke bleibt die Nadel im Papier versenkt. Hebe das Füßchen. Drehe das Blatt in die neue Richtung und senke das Füßchen wieder.

Das Füßchen ist genau an der Kante, das ist füßchenbreit.

In bestimmten Abständen zur Kante nähen

Füßchenbreit nähen

Lege das Papier mit einer Kante direkt unter das Füßchen, sodass es mit der rechten Füßchenkante abschließt. Das nennt man füßchenbreit.

1 cm zur Kante nähen

Damit du es beim Nähen leicht hast, sind schon alle Schnittteile mit einer Nahtzugabe von 1 cm versehen. Zeichne dir die Nahtlinie vorher auf den Stoff, sie ist 1 cm von der Kante entfernt. Hast du es einmal vergessen, helfen dir die Linien auf der Nähmaschine. Meistens ist die erste Linie 1 cm rechts vom Füßchen. Lege dein Papier dort an und nähe.

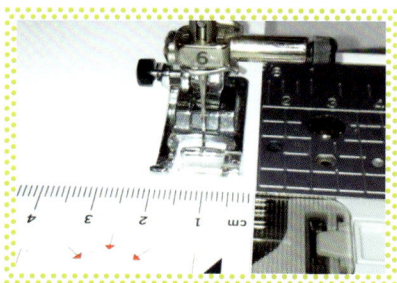

Die Nahtzugabe ist 1 cm.

Knappkantig nähen

Damit ist gemeint, dass du beim Nähen so nah wie möglich mit der Nadel an einer Kante entlang nähst, z. B. weil du eine Öffnung schließt.

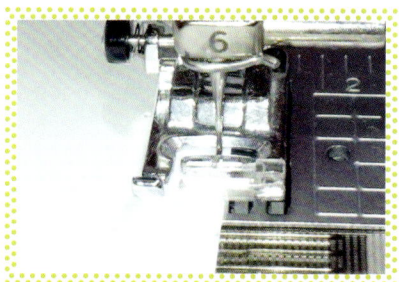

Knappkantig heißt so nah wie möglich an der Kante.

Garn einsetzen

Wenn du dir bei den einzelnen Nähschritten sicher bist, gehts gleich mit dem Nähen auf Stoff und mit Garn weiter. Dafür fädelst du das Garn mithilfe der Bedienungsanleitung deiner Nähmaschine ein. Oben kommt von der Garnrolle der Oberfaden, und von unten kommt der Unterfaden von der Spule. In der Regel werden der Ober- und der Unterfaden zusammen unter dem Füßchen durch nach hinten gelegt. Bevor du losnähst, kontrolliere noch einmal alles, damit sich beim Starten keine Knoten bilden.

Nähen mit dem Zickzackstich – Versäubern und Aufnähen

Der Zickzackstich eignet sich wunderbar für das Versäubern von Kanten. Achte beim Kantenversäubern darauf, dass du den Stoff einmal mit der Nadel triffst und einmal nicht. So kann die Kante nicht ausfransen. Wenn nicht anders angegeben, wähle eine Stichlänge von ca. 3,5 mm und eine Stichbreite von 4 mm aus.
Mit dem Zickzackstich kannst du prima Borten und Bänder aufnähen. Es funktioniert genauso wie beim Versäubern, nur triffst du dabei einmal den einen Stoff, bzw. die Borte, und einmal den anderen Stoff. Falls nicht anders angegeben, wähle eine Stichlänge von ca. 1,5 mm und eine Stichbreite von 3 mm aus.

Der Umgang mit der Schere – Knipsen, Einschneiden und Co.

Damit sich Nähteile besser auf rechts drehen oder auch verstürzen lassen und du die Füllwatte auch bis in die Ecken bekommst, kannst du dir mit wenigen Schnitten die Arbeit erleichtern. Rausstehende Ecken schneidest du bis kurz vor der Naht ab. Geht die Ecke oder Spitze nach innen, schneidest du den Stoff bis kurz vor der Naht ein.
Bei flachen Rundungen schneidest du den Stoff quer zur Naht ein. Das nennt man auch knipsen.

Garn einfädeln fängt immer mit dem Einsetzen der Garnrolle an und endet mit zwei Fäden (Ober- und Unterfaden), die hinter dem Nähfüßchen enden.

Diese Kante wurde mit Zickzackstich versäubert.

Die Borte ist mit Zickzackstich aufgenäht. Ganz einfach und hübsch.

Die Naht ist eingeschnitten, damit man besser wenden kann.

Nähen von Hand

Einen Knopf annähen

Damit du auch weißt, wie ein Knopf angenäht wird, hier
eine kurze Anleitung für einen Knopf mit zwei Löchern:

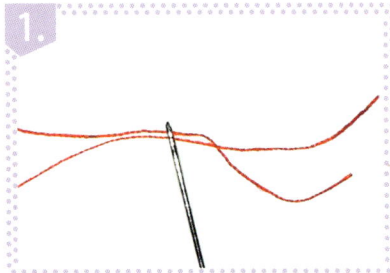

Schneide einen etwa 60 cm langen Garnfaden ab. **Lege** die beiden Enden zusammen und **führe**
beide durch das Nadelöhr.

Mach an die beiden Enden einen
dicken Knoten. **Ziehe** die Fäden
auf der Seite mit dem Knoten
etwas länger als die am Ende
mit der Schlaufe.

Stich zuerst von der **rechten Stoffseite** durch den Stoff. **Ziehe** den
Faden stramm, bis der Knoten
fest am Stoff sitzt.

Näh jetzt direkt daneben wieder
zurück auf die **rechte Seite** und
durch das rechte Knopfloch.
Ziehe den Faden wieder stramm.

Stich nun von oben durch das
linke Knopfloch und den Stoff.

ratter

ratter

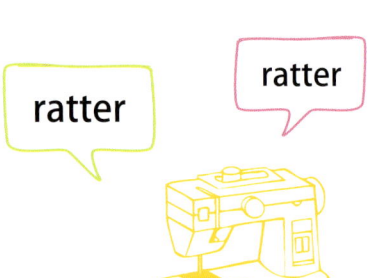

Wiederhole alles fünfmal und
ende mit Faden und Nadel auf
der **linken Stoffseite**. **Nähe** noch
zweimal nur durch den Stoff und
schneide den Faden ab.

Im Blindstich nähen

So kannst du z. B. Wendeöffnungen wie bei der Sitztorte auf Seite 47 unsichtbar schließen:

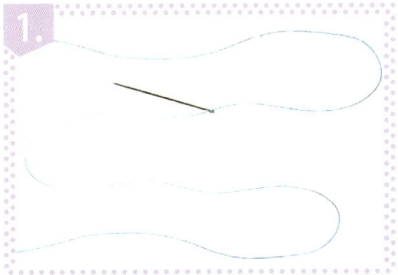

Schneide einen etwa 40 cm langen Faden ab. Führe ein Ende durch das Nadelöhr und verknote es. Man macht den Stich von rechts nach links (als Rechtshänder).

Den ersten Stich **nähst** du am Anfang der Öffnung von innen nach außen. Der Faden ist gesichert und der Knoten verschwunden.

Stich in der gleichen Höhe in die Kante gegenüber ein und komm ein Stückchen weiter links daneben wieder heraus.

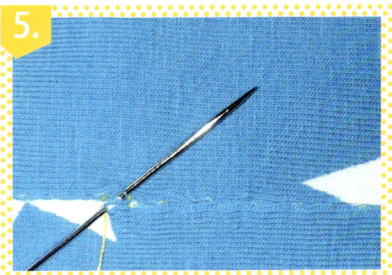

Stich wieder in der vorherigen Kante genau gegenüber ein und komm ein Stückchen weiter links wieder raus.

Das **wiederholst** du, bis du am anderen Ende der Öffnung angekommen bist. **Mach** noch drei kleine Stiche, um den Faden zu vernähen.

Stich mit der Nadel ganz weit nach innen in das Objekt ein und komme irgendwo auf der gegenüberliegenden Seite wieder heraus. **Schneide** den Faden ab.

GRUNDLAGEN

EINFASSBÄNDER UND KEDER VERARBEITEN

Einfassbänder und Keder sind immer eine tolle Deko und machen was her. Sie werden am Rand eines Nähprojekts aufgenäht. Hier einige Kniffe und Tricks, damit das leicht von der Hand geht.

Einfassen von Kanten mit einem Schrägband

Ein passendes Schrägband kannst du schnell selber machen. Du benötigst einen 4 cm breiten und schräg zum Fadenlauf ausgeschnittenen Stoffstreifen in der von dir gewünschten Länge. Stecke zuerst den Streifen entlang der ersten gebügelten Linie auf die linke Seite deines Stoffs. Schlage dann den Streifen um die Kante, stecke und nähe ihn fest.

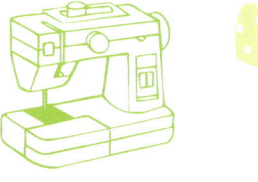

Bügle die beiden äußeren Kanten zur Mitte des Streifens.

Nähe knapp neben der gebügelten Linie

Schlage das Schrägband um und **nähe** knapp an der Kante entlang.

Nähe einen eigenen Keder

Dafür brauchst du eine feine Kordel, am besten aus Baumwolle in einer zum Stoff passenden Farbe, und einen schräg geschnittenen 3 cm breiten Stoffstreifen in der gewünschten Länge. Dann legst du die Kordel in den Bruch des Stoffstreifens. Stecke und nähe die Kordel in das Band ein. Jetzt kannst du den Keder an das Projekt anbringen.

Die Stoffstreifen werden schräg zum Fadenlauf aufgezeichnet und ausgeschnitten.

Sind deine Streifen nicht lang genug, kannst du auch mehrere so aneinander nähen.

Falte den Stoffstreifen und lege die Kordel genau in den Bruch. Du kannst den Streifen auch zur Hälfte umbügeln. Ganz eng feststecken.

Nähe ganz nah an der Kordel vorbei. Das geht am einfachsten mit einem Reißverschlussfüßchen.

Beim Aneinandernähen legst du die Streifen schräg aufeinander. Wenn du beim Aufnähen eines Keders um eine Kurve nähen musst, schneide die Nahtzugabe des Keders etwas ein.

DEIN NÄHFÜHRERSCHEIN

Wenn du alle Vorbereitungen getroffen und die Übungen gemacht hast, nähe dir das Atelyeah-Nadelkissen. Da kannst du gleich zeigen, was du drauf hast!

**Näh mich!
Pieks mich!**

MATERIAL

- [ ] Bedruckter Baumwollstoff   2 Stück, beide 15 cm lang und 20 cm breit
- [ ] Bleistift
- [ ] Füllwatte   ca. 200 ml
- [ ] **Schnittmuster „Eichhörnchen-Nadelkissen" vom Schnittmusterbogen**

1.

Kopiere das Schnittmuster vom Schnittmusterbogen auf Papier. **Achte** dabei auf den **Fadenlauf**.

2.

Lege die Stoffe **rechts auf rechts** zusammen. **Stecke** den Papierschnitt auf den Stoff. **Zeichne** mit einem weichen Bleistift die Umrisse des Papierschnitts auf den Stoff. **Nimm** den Papierschnitt wieder ab.

3.

Stecke und **nähe** entlang der Linie. **Lass** am unteren Rand eine Öffnung von ca. 4 cm. **Starte** dort mit dem Nähen.

Schnipp

Schnapp

4.

Schneide das Eichhörnchen im Abstand von 1 cm zur Naht aus. Bei Bögen schneidest du den Stoff quer zur Naht ein. Ecken schneidest du flach ab.

5.

Wende das Eichhörnchen durch die Öffnung auf die **rechte Seite**. **Nimm** eine dicke Stricknadel, um alle Ecken richtig auszuformen.

6.

Fülle das Nadelkissen mit **Füllwatte** und verteile sie gleichmäßig.

7.

Stecke die untere Kante zu und **markiere** dir den Anfangs- und Endpunkt.

8.

Nähe die Öffnung **knappkantig** zu.

9.

Geschafft, jetzt kannst du alle Projekte in diesem Buch nach-nähen!

Yippie!

Nähmaschinenhülle

Wow, so wird deine Nähmaschine zum Deko-Highlight und ist auch noch optimal gegen Schmutz und Staub geschützt!

MATERIAL

☐	Baumwollstoff für die Seiten	2 Stück, beide 44 cm lang und 32 cm breit
☐	Baumwollstoff für die Mittelteil	43 cm lang und 22 cm breit
☐	Baumwollstoff für die Kante	48 cm lang und 22 cm breit
☐	Baumwollstoff für die Kante	16 cm lang und 7 cm breit
☐	Baumwollstoff für die Kante	16 cm lang und 10 cm breit
☐	Baumwollstoff für den Keder	2 Stück, beide 110 cm lang und 3 cm breit
☐	Feine Kordel für den Keder	2 Stück, beide 110 cm lang
☐	oder fertiger Keder	2 Stück, beide 110 cm lang
☐	Schnittmuster „Nähmaschinenhülle" vom Schnittmusterbogen	

LOS GEHTS!

1.
Kopiere dir die Schnittteile vom Schnittbogen auf Papier (Seite 14) und verwende sie als **Schablone**. Die Hülle passt perfekt für das Nähmaschinenmodell Inno vis 10 von Brother.

2.
Lege die großen Stoffe (44 cm x 32 cm) **rechts auf rechts** aufeinander. **Stecke** das Schnittmuster darauf und übertrage es mit einem Bleistift auf den Stoff. Achtung, vergiss die **Markierungen** nicht!

3.
Verfahre mit den anderen beiden Schnittmustern genauso, diese werden aber jeweils nur einmal zugeschnitten. Die beiden kleinen Stoffrechtecke benötigst du einfach in den oben angegebenen Maßen. Lege die Schnittteile zur Seite.

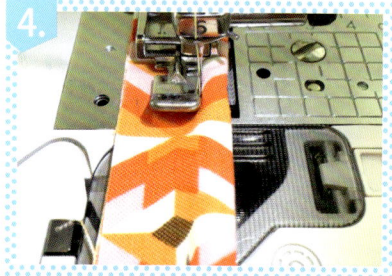

Fertige dir aus der Kordel und den schmalen Stoffstreifen zwei Keder an (Seite 23).

Stecke und **nähe** einen Keder entlang der Kante eines der großen Teile mit dem Reißverschlussfüßchen auf, dabei lässt du die untere Kante frei. In den Rundungen **knipst** du vorher die Nahtzugabe des Keders etwas ein. Wiederhole dies für das andere Teil.

Versäubere mit dem **Zickzackstich** (Stichlänge 3 mm, Stichbreite 5 mm) an den kleinen Stoffrechtecken für das Mittelteil jeweils eine der langen Kanten.

Bügle die Kante 1 cm nach links um. Lass dir dabei von einem Erwachsenen helfen. **Steppe** sie füßchenbreit (Stichlänge 3 mm) **ab**.

Stecke und **nähe** die beiden Teile **rechts auf rechts** an die schmale Kante eines der mittelgroßen Stoffteile, sodass die gesäumten Kanten der kleinen Teile zur Mitte zeigen. Achtung, in der Mitte ist eine kleine Lücke.

Versäubere die gerade genähte Kante mit dem Zickzackstich.

10.

Nähe die Nahtzugabe füßchen-breit **ab**.

11.

Verfahre mit der anderen Seite der kleinen Rechtecke und dem anderen mittelgroßen Teil genau-so, sodass ein langer Streifen mit einer Lücke in der Mitte entsteht.

12.

Stecke und **nähe** den langen Streifen auf die Kanten mit dem Keder, achte dabei auf die Markie-rungen in den Rundungen. Es ist am einfachsten, wenn du auf der bereits vorhandenen Naht steckst.

13.

Knipse den Stoff in den Rundun-gen etwas ein. **Versäubere** alle noch offenen Kanten, auch die untere Kante.

14.

Bügle die untere Kante 1 cm nach innen, lass dir dabei von einem Erwachsenen helfen. Dann nähst du sie füßchenbreit (Stichlänge 4 mm) fest.

Jetzt schnell über die Nähmaschine stülpen, fertig!

Nähzeug-Beutel

Von diesen praktischen Beuteln kann man nicht genug haben, da fällt dir bestimmt einiges ein, was du hineinstecken kannst.

MATERIAL

Für einen großen Beutel

☐	Baumwollstoff für den Beutel	54 cm lang und 25 cm breit
☐	Baumwollstoff für den Tunnel	2 Stücke, beide 25 cm lang und 8 cm breit
☐	Bändchen	2 Stücke, beide 70 cm lang

Für einen kleinen Beutel

☐	Baumwollstoff für den Beutel	46 cm lang und 17 cm breit
☐	Baumwollstoff für den Tunnel	2 Stücke, beide 17 cm lang und 6 cm breit
☐	Bändchen	2 Stücke, beide 60 cm lang

Versäubere alle Kanten des großen Stoffstücks mit dem **Zickzackstich** (Stichlänge 3,5 mm, Stichbreite 5 mm).

Falte den großen Stoff so, dass die langen Seiten halbiert werden. Die beiden **rechten Seiten** liegen aufeinander. **Stecke** und **nähe** die Seiten zu.

Gehe mit dem Zeigefinger in eine der Ecken. Die kurze Seite des Beutels zeigt zu dir. **Lege** mit der anderen Hand die beiden Ecken flach aufeinander, sodass die Nähte sich berühren, und **ziehe** vorsichtig den Zeigefinger aus der Ecke.

Lege das Geodreieck mit der Null auf die Naht und **verschiebe** es, bis die Seitenkanten auf jeder Seite bei der 4-cm-Markierung (für den kleinen Beutel 3 cm) liegen. **Zeichne** eine waagrechte Linie.

Wiederhole das für die zweite Ecke. **Stecke** und **nähe** beide Ecken entlang der Linie ab.

Schneide die Ecken bis 1 cm vor der Naht ab und **versäubere** sie mit dem Zickzackstich.

Bügle die kurzen Kanten der beiden kleinen Streifen 1 cm zur linken Seite hin um. Lass dir dabei von einem Erwachsenen helfen.

Falte und **bügle** mithilfe des Erwachsenen die Stoffe so, dass die kurzen Seiten halbiert werden. **Versäubere** die Kante mit dem Zickzackstich.

Stecke und **nähe** die beiden Streifen rechts auf rechts entlang der oberen Kante des Beutels auf. Die Streifen stoßen an der Seitennaht des Beutels aneinander.

Lege die Nahtzugabe zum Beutel und **nähe** von rechts knapp neben der Naht die Nahtzugabe am Beutel fest. So hast du das Bügeln gespart.

Fädle mithilfe einer Sicherheitsnadel das erste Band durch die beiden Tunnel und **verknote** die Enden. Das zweite Band fädelst du entgegengesetzt ein.

TIPP
In diesen schönen Beuteln kannst du z.B. deine Nähgarne oder andere Sachen aufbewahren.

FÜR DEINE NÄHMASCHINE

Nadelbuch

Jetzt hast du alle Nadeln zusammen und musst nicht lange suchen. Schau einfach in deinem schlauen Nadelbuch nach.

MATERIAL

☐	Bedruckter Baumwollstoff	32 cm lang und 20 cm breit
☐	Wollfilz für den Buchrücken	27 cm lang und 15 cm breit
☐	Wollfilz für die Seiten	3 Stücke, jedes 25 cm lang und 15 cm breit, evtl. in verschiedenen Farben
☐	Wollfilz für das Bild	9 cm lang und 6 cm breit
☐	Klebe-Vlies für den Buchrücken	28 cm lang und 16 cm breit
☐	Klebe-Vlies für das Bild	9 cm lang und 6 cm breit
☐	Volumen-Vlies	28 cm lang und 16 cm breit
☐	Bügelapplikationen	

Klebe das Volumen-Vlies laut Herstellerangaben auf die linke Seite des bedruckten Stoffs, sodass an allen Seiten der Stoff 2 cm übersteht. Lass dir beim **Bügeln** von einem Erwachsenen helfen.

Klappe die Stoffkanten um das Volumen-Vlies und stecke sie rundherum fest. Wenn du magst, **falte** dabei den Stoff in den Ecken zu „Briefecken", indem du die entstehenden Stoffdreiecke unter den umgeschlagenen Stoffrand schiebst.

Beklebe den Wollfilz für den Buchrücken laut Herstelleranleitung mit Klebe-Vlies, ziehe das Papier ab und lege den Filz links auf links mittig auf den Stoff. **Fixiere** den Filz mit dem Bügeleisen, lass dir dabei von einem Erwachsenen helfen.

Fixiere die Applikation laut Herstelleranleitung auf den Wollfilz für das Bild. Auf die Rückseite des Bilds **fixierst** du das Klebe-Vlies, ziehst das Papier ab und **positionierst** es auf dem „Buch-Cover". **Bügle** es vorsichtig mithilfe eines Erwachsenen auf.

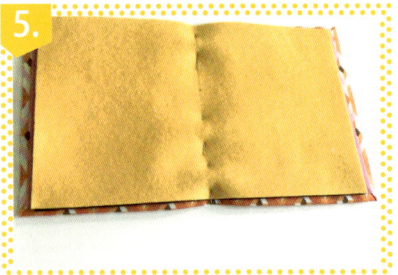

Zeichne sowohl auf dem Buch-Cover als auch auf dem Filz für die Seiten die Mittellinie ein. **Stecke** und **nähe** alles aufeinander (Stichlänge 4 mm).

TIPP
Damit du die Nadeln besser findest, kannst du verschiedene Seitenfarben nehmen oder/ und die Seiten mit weiteren Applikationen schmücken.

Pedal-Stopper

So macht das Nähen richtig Spaß, denn
dein Pedal bleibt an Ort und Stelle.

MATERIAL

☐	Antirutsch-Unterlage für Teppiche	50 cm lang und 15 cm breit
☐	Baumwollstoff als Zwischenfutter	25 cm lang und 15 cm breit
☐	Baumwollstoff für die Einfassung	100 cm lang und 8 cm breit
☐	Baumwollstoff für die Rolle	22 cm lang und 10 cm breit
☐	dickes Quilt-Vlies für die Rolle	18 cm lang und 10 cm breit

LOS GEHTS!

1. **Falte** die Antirutschmatte zur Hälfte, sodass die kurzen Seiten aufeinander liegen, und **lege** dabei das 25 x 15 cm große Stoffstück dazwischen.

2. **Stecke** und **steppe** alles zusammen rundherum füßchenbreit ab. Da das Material ja nicht rutscht, **lege** beim Nähen ein dünnes Blatt **Papier** darunter und Papierstreifen oben drauf. **Ziehe** das Papier vorsichtig wieder **ab**.

3. **Falte** und **bügle** den langen Stoffstreifen längs zur Hälfte. **Stecke** ihn auf die Rückseite des Stoppers, entlang einer der langen Seiten, mit dem Bruch nach innen. Beginne bei 2/3 der gesamten Länge, **klappe** den Anfang des Streifens um.

37

4.

Markiere an der unteren Ecke den Punkt, der zu beiden Kanten einen Abstand von 1 cm (deine Nahtbreite) hat. Nähe genau bis zu diesem Punkt und **lege** wieder **Papier** unter den Pedalstopper.

5.

Falte den Stoffstreifen in der Ecke so, dass ein Dreieck entsteht, das aufrecht stehen kann. Der noch freie Streifen liegt auf der nächsten Kante des Pedalstoppers.

6.

Kippe das Stoffdreieck vorsichtig auf die Seite, die du schon genäht hast, und **stecke** es fest. Aber nicht annähen!

7.

Stecke entlang der Kante den Streifen weiter fest. An der nächsten Ecke **markierst** du wieder den Punkt mit 1 cm Abstand zu beiden Kanten. **Nähe** den Streifen bis zu dem markierten Punkt fest. **Falte** dann wieder den Stoffstreifen wie in Schritt 5 und 6.

8.

Wiederhole Schritt 7 für die nächsten Ecken, bis du wieder auf der ersten langen Seite bist.

9.

Schneide den Streifen ab, sodass er ca. 3 cm lang über deine Anfangsnaht reicht. **Stecke** ihn darauf fest und **nähe** das letzte Stück Naht. **Entferne** vorsichtig das Papier auf der Rückseite.

FÜR DEINE NÄHMASCHINE

Klappe den Streifen um die Kante des Pedalstoppers und stecke ihn auf der rechten Seite entlang der sichtbaren Naht fest. Lass dabei die Ecken außer Acht.

Die Ecken faltest du so, dass eine Briefecke entsteht, d.h. du schiebst das Dreieck flach unter den Stoffstreifen. Stecke diese Ecken fest. Nähe den Streifen rundherum knappkantig fest.

Nimm das letzte Stoffstück (22 x 10 cm) und bügle alle Kanten 1 cm um.

Rolle das Quilt-Vlies fest längs zusammen, lege es auf die linke Stoffseite und klappe den Stoff darüber. Stecke und nähe die Kanten knappkantig zu.

Lege die Rolle mit 2 cm Abstand zur oberen Kante auf die Rückseite des Pedalstoppers, sodass sie nach außen zeigt und ihr Rand auf der Innenkante der Umrandung liegt. Stecke und nähe die Rolle zweimal fest.

Dann schlage sie um, stecke und nähe sie auf die gleiche Art auf der anderen Seite des Pedalstoppers an. Fertig!

TIPP
Bei nicht rutschenden Materialien wie beschichteter Baumwolle, Wachstuch oder Lederimitat etc. kannst du auch statt des dünnen Papiers zum Nähen ein Papiertaschentuch unterlegen.

schnipp

schnapp

Werkzeug-Gurt

Perfekt nicht nur in deiner Nähwerkstatt, sondern auch für die Gartenarbeit, beim Fahrradputzen oder Frisieren.

MATERIAL

☐ Baumwollstoff für die Haupttasche — 2 Stücke, beide 42 cm lang und 30 cm breit

☐ Baumwollstoff für das 1. Taschenteil — 42 cm lang und 40 cm breit

☐ Baumwollstoff für das 2. Taschenteil — 42 cm lang und 40 cm breit

☐ Baumwollstoff für den Gurt — 2 Stücke, beide 95 cm lang und 8 cm breit

☐ Schnittmuster „Werkzeug-Gurt" vom Schnittmusterbogen

LOS GEHTS!

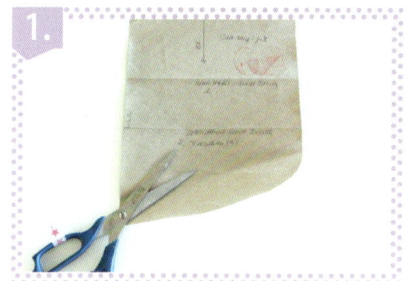

1.

Kopiere dir das Schnittteil aus dem Schnittbogen auf Papier (Seite 14) und verwende es als Schablone.

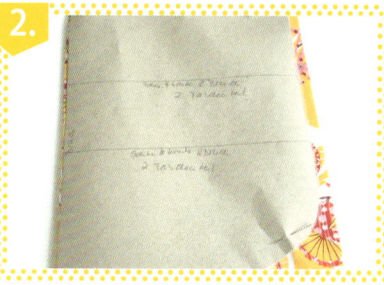

2.

Falte die beiden großen Stoffe quer zur Hälfte und lege sie aufeinander. **Lege** das **Schnittteil** so darauf, dass die Bruchkanten aufeinander liegen. **Zeichne** es auf den Stoff, nimm das Schnittteil wieder ab und **schneide** den Stoff **aus**.

3.

Falte den Stoff für das 1. Taschenteil zweimal. **Falte** das **Schnittteil** an der 1. Taschenkante einmal um und lege es so auf den Stoff, dass die **Bruchkanten** aufeinander liegen. **Zeichne** es, nimm es wieder ab und **schneide** den Stoff **aus**.

41

Falte den Stoff für das 2. Taschenteil zweimal, längs und quer, sodass wieder 4 Lagen Stoff aufeinander liegen.

Falte das **Schnittteil** an der 2. Taschenkante einmal um und lege es so auf den Stoff, dass die Bruchkanten aufeinander liegen. **Zeichne** es auf den Stoff, nimm das Schnittteil wieder ab und **schneide** den Stoff **aus**.

Falte jedes der beiden Taschenteile links auf links entlang der langen Kante aufeinander und **bügle** den Bruch flach. Lass dir dabei von einem Erwachsenen helfen. **Lege** beide Teile aufeinander auf einen der großen Stoffe.

Stecke und **nähe** die Taschenteile füßchenbreit (Stichlänge 3,5 mm) am Rand entlang auf dem großen Stoff fest.

Falte und **bügle** die langen Streifen längs zur Hälfte. **Klappe** sie wieder auf, **falte** und **bügle** beide Seiten zur Mitte und **falte** die Streifen dann wieder in der Mitte, sodass sie nun 2 cm breit sind. **Schlage** auch eine der beiden kurzen Seiten 1 cm nach innen um und **bügle** die Kante flach. Lass dir dabei von einem Erwachsenen helfen.

Stecke und **nähe** die beiden langen Kanten und die kurze eingeschlagene Seite knappkantig ab.

ratter

ratter

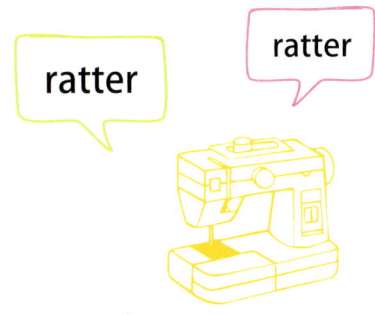

FÜR DEINE NÄHMASCHINE

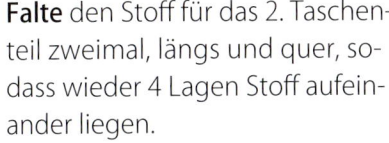

Lege das Band in 1 cm Abstand zur oberen Kante auf das große Stoffteil, nach innen gerichtet, die kurze noch offene Kante auf den Rand. **Stecke** und **nähe** die Kante füßchenbreit fest. Hier könntest du ein Etikett aufnähen.

Mache dasselbe mit dem zweiten Gurtband. **Lege** die Gurtbänder in die Mitte des großen Stoffteils.

Stecke und **nähe** das zweite große Stoffteil rechts auf rechts auf das Stoffteil mit den Taschen. **Lass** dabei eine **Öffnung** von 10 cm am unteren Rand.

Schneide die Ecken an der oberen Kante ab, ohne die Naht zu verletzen. An den Rundungen unten schneidest du kleine Dreiecke aus oder **kürzt** die Nahtzugabe mit der Zickzackschere etwas.

Wende die Werkzeugtasche. **Schließe** die Öffnung, indem du einmal knappkantig um die ganze untere Kante nähst.

Lege einige Werkzeugteile auf die Taschen, so kannst du die Größe deiner Fächer **festlegen**. **Zeichne** dir Linien ein. **Stecke** und **nähe** entlang der Linien. Fertig ist deine tolle Werkzeugtasche!

Sitztorte

Wenn du gleich mehrere machst,
hast du genug für eine Tortenschlacht!

MATERIAL

☐	6 verschiedene Baumwollstoffe	jeweils 60 cm lang und 30 cm breit
☐	Baumwollstoff	etwa 170 cm lang und 20 cm breit
☐	Fertiger Keder	2 Stück, beide etwa 170 cm lang
☐	Füllwatte	etwa 2 kg (wahlweise auch Granulat)
☐	Schnittmuster „Bodenkissen Torte" vom Schnittmusterbogen	

LOS GEHTS!

1. Kopiere dir das Schnittteil auf Papier (Seite 14). Falte die Stoffe zum Quadrat. Stecke das Schnittteil darauf fest und zeichne rundherum. Nimm das Schnittteil wieder ab, stecke es daneben noch einmal auf und zeichne es auf. Schneide die Teile aus.

2. Nimm zwei der insgesamt 24 Tortenstücke, stecke und nähe sie entlang einer langen Kante zusammen.

3. Nähe nach und nach 10 weitere Tortenstücke daran, bis du beinahe einen Kreis hast. Lass aber am Ende eine Kante offen. Verfahre mit den anderen 12 Tortenstücken genauso.

Stecke und **nähe** die beiden Keder entlang der langen Kanten an den Stoffstreifen. Benutze dafür das Reißverschlussfüßchen.

Stecke und **nähe** den Stoffstreifen mit dem Keder entlang der Außenkante an einen der Tortenstück-Kreise.

Wiederhole Schritt 6 mit der anderen Kante des Streifens und dem anderen Kreis. Sollte der Stoffstreifen etwas zu lang sein, schneide ihn passend ab. Achtung: Das Foto zeigt die Torte von der rechten Seite, du nähst aber wie üblich von der linken.

Stecke und **nähe** die noch offenen Kanten von Spitze zu Spitze zusammen. **Lass** dabei im Streifenteil eine **Öffnung** von ungefähr 12 cm.

Wende alles auf rechts und **fülle** das Tortenkissen gut. **Nähe** die Öffnung knappkantig zu. Achtung: Du kannst die Öffnung auch von Hand mit dem **Blindstich** (Seite 21) zunähen.

FÜR DIE KUSCHELECKE

TIPP
Wenn du den Schnitt etwas größer oder kleiner kopierst, kannst du unterschiedliche Torten zu einem „Torten-Buffet" zusammenstellen.

47

schnipp

schnapp

Wärmflaschenhülle

Genau das richtige an „usseligen" Tagen. Damit bist du schnell wieder auf dem Damm.

MATERIAL

Für eine 1,8-l-Wärmflasche

☐	Baumwollstoff	25 cm lang und 18 cm breit
☐	Sweat-Stoff	48 cm lang und 37 cm breit
☐	Bändchen	75 cm lang

Lege und **bügle** eine der kurzen Kanten des Sweat-Stoffs 2 cm zur linken Seite um, das wird die obere Kante der Wärmflaschenhülle. Lass dir beim Bügeln von einem Erwachsenen helfen.

Falte den Sweat-Stoff entlang der Längskanten, sodass die langen Seiten halbiert werden. **Stecke** und nähe die Seite und die untere Kante zusammen. Achtung, klappe dabei die gebügelte Kante wieder auf.

Versäubere die Nahtzugaben mit dem Zickzackstich (Stichlänge 4 mm, Stichbreite 6 mm).

Lege und **bügle** die kurzen Kanten des Stoffstreifens 1 cm zur linken Seite um. Lass dir von einem Erwachsenen helfen.

Falte den Streifen links auf links so, dass die kurzen Seiten halbiert werden, bügle ihn flach. Lass dir von einem Erwachsenen helfen.

Zeichne eine Markierungslinie im Abstand von 4 cm zur unteren Streifenkante.

TIPP
Wenn du die gleichen Stoffe wie bei deinem Reisehörnchen wählst, hast du gleich ein tolles „Wellness-Set".

7.

Stecke und **nähe** entlang der Markierungslinie. **Stecke** und **nähe** oberhalb der Markierungslinie knappkantig entlang der Seiten. Achtung, der untere Teil des Streifens bleibt offen.

8.

Versäubere mit dem Zickzackstich die untere noch offene Kanten des Streifens gemeinsam.

9.

Lege die obere Kante der Wärmflaschenhülle wieder nach links um. **Stecke** und **nähe** sie füßchenbreit rundherum fest.

10.

Lege den Stoffstreifen so an die obere Kante der Wärmflaschenhülle, dass die Nahtzugaben beider Teile aufeinander liegen. **Stecke** und **nähe** beides knapp neben der „füßchenbreiten" Naht von rechts zusammen.

11.

Schneide die Ecken bis 1 cm vor der Naht ab und **versäubere** sie mit dem Zickzackstich. **Ziehe** die Kordel mit einer Sicherheitsnadel durch den Tunnel und **verknote** die Enden.

Fakirhose

Diese Hose sieht zu allen Shirts super aus! Und weil sie so leicht zu nähen ist, kannst du gleich mehrere machen.

MATERIAL

☐ Bedruckter Baumwolljersey   etwa 140 cm lang und 60 cm breit
☐ Gummiband 2,5 cm breit   Länge passend zu deinem
                                        Bauchumfang

LOS GEHTS!

1.

Versäubere eine lange und die beiden kurzen Kanten des Stoffs mit dem Zickzackstich (Stichlänge 4 mm, Stichbreite 6 mm). **Falte** den Stoff rechts auf rechts zusammen, sodass die beiden kurzen Kanten aufeinander liegen.

2.

Stecke und **nähe** mit dem Zickzackstich (Stichlänge 4 mm, Stichbreite 5 mm) die beiden Kanten zusammen. Starte am besten 2 cm von der oberen Kante und **nähe** zum Verriegeln bis zur Kante **rückwärts**, dann vorwärts.

3.

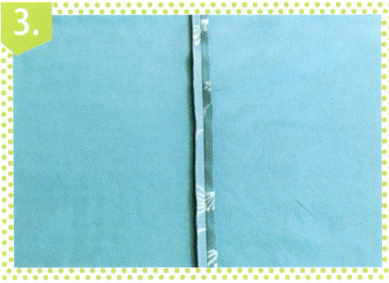

Bügle die Nahtzugaben auseinander. Lass dir dabei von einem Erwachsenen helfen.

4.

Miss, von der unteren noch nicht versäuberten Kante ausgehend, entlang der Naht ca. 18 cm nach oben ab und **markiere** diesen Punkt.

5.

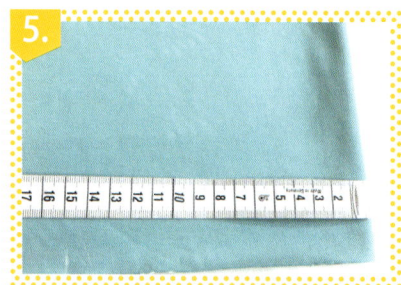

Miss nun entlang der seitlichen Kanten in beide Richtungen eine Strecke von ca. 15 cm und **markiere** diese Punkte.

6.

Verbinde die beiden seitlichen Punkte jeweils in einer **gebogenen Linie** mit dem mittleren Punkt. Dazu kannst du auch einen großen **Teller** oder etwas Ähnliches zu Hilfe nehmen.

7.

Schneide entlang der gebogenen Linien durch beide Lagen des Stoffs eine Rundung aus; sie hat die Form eines etwas gestauchten Halbkreises. **Versäubere** die offenen gebogenen und geraden Kanten einzeln mit dem Zickzackstich.

8.

Bügle die unteren geraden Kanten ca. 1,5 cm um. Lass dir dabei wieder von einem Erwachsenen helfen.

9.

Stecke und **nähe** die Bögen rechts auf rechts zusammen. Klappe dafür die gebügelten Kanten wieder auf.

Stecke und **nähe** die gebügelten Kanten rundherum wieder um.

Stecke und **nähe** an der oberen Kante den Stoff 4 cm nach innen um, lass dabei eine Öffnung von ca. 5 cm.

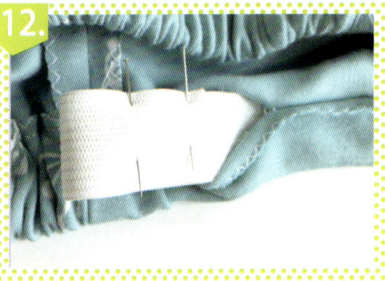

Ziehe das Gummiband mithilfe einer Sicherheitsnadel durch den Tunnel. Lass dabei beide Enden aus der Öffnung schauen. **Lege** die beiden Gummiband-Enden flach **aufeinander** und **nähe** sie mehrmals zusammen. Achtung, das Gummi nicht verdrehen!

Nähe die Öffnung im Tunnel zu. Und fertig!

TIPP
Wenn du den Bogen in der Mitte etwas flacher oder höher haben möchtest, kannst du das einfach machen. Auch die Gesamtlänge der Hose (wie bei uns ca. 55 cm oder doch lieber 70 cm) kannst du nach deinem Geschmack ändern. Dazu musst du den Stoff ca. 5 cm breiter zuschneiden, als die fertige Hose lang werden soll; die Länge des Stoffs bleibt gleich.

Hunde-Donut und Liegewiese

Dein Hund mag es so richtig gemütlich? Dann näh ihm doch
schnell einen tollen Kuschelkringel!

MATERIAL

Für den Donut

☐ Beflockter türkisfarbener Stoff
oder ein ähnliches weiches Material   200 cm lang und 25 cm breit

☐ Beflockter hellgrüner Stoff
oder ein ähnliches weiches Material   200 cm lang und 25 cm breit

☐ Füllwatte   600–700 g

Für die Liegewiese

☐ Beflockter türkisfarbener Stoff
oder ein ähnliches weiches Material   75 cm lang und breit

☐ Beflockter hellgrüner Stoff
oder ein ähnliches weiches Material   75 cm lang und breit

☐ Quilt-Vlies

TIPP

Orientiere dich an der Größe des Körbchens.
Wenn dein Hund kleiner ist, nimmst du für den
Donut die Maße ca. 20 x 160 cm und für die Lie-
gewiese ca. 60 x 60 cm. Hast du einen größeren
Hund, benötigst du für den Donut 30 x 250 cm
und für die Liegewiese 90 x 90 cm.

Hunde-Donut

1.

Lege die beiden Stoffe **rechts auf rechts** aufeinander. Stecke und **nähe** die beiden langen Kanten der Stoffe zusammen, **lass** dabei auf einer Seite **eine Öffnung** von ca. 18 cm.

2.

Ziehe eine offene Kante bis zur anderen offenen Kante durch den „Tunnel", bis sich die Kanten treffen. **Stecke** und **nähe** entlang der Kante die jeweils gleichen Stoffe rundherum aufeinander. Achte dabei darauf, nicht beide Stoffe zusammenzunähen.

3.

Ziehe den Donut durch die Öffnung auf die rechte Seite und **befülle** ihn mit Füllwatte. Achtung, nimm nicht zu viel Watte, der „Kringel" soll ja kuschelig sein.

4.

Stecke und **schließe** die Öffnung knappkantig.

ratter

ratter

Liegewiese

1.

Nimm einen **kleinen Teller** als Schablone und **zeichne** auf die linke Seite eines der beiden Stoffe Rundungen auf alle vier Ecken.

2.

Lege das Vlies flach hin und darauf die beiden Stoffe **rechts auf rechts** aufeinander. **Stecke** und **nähe** alle drei Lagen zusammen, lass dabei auf einer Seite eine **Öffnung** von ca. 18 cm.

3.

Achtung, an den gezeichneten Rundungen nähst du **innen vorbei**.

4.

Schneide die Rundungen bis auf ca. 5 mm Nahtzugabe **ab**.

5.

Ziehe durch die Öffnung die Liegewiese auf die rechte Seite. **Stecke** und **schließe** die Öffnung knappkantig, dabei kannst du das Vlies etwas zur Seite schieben.

FÜR DIE KUSCHELECKE

Wärmende Kuschel-Katze

Dieses herrlich kuschelige Kissen tut nicht nur dir so richtig gut.
Mach doch auch gleich eines für deinen Hund oder deine Katze.

MATERIAL

☐ Bedruckter Baumwollstoff — 2 Stücke, beide 60 cm lang und 50 cm breit
☐ Dinkelspelz oder Kirschkerne — etwa 1–2 Liter
☐ **Schnittmuster „Kuschel-Katze" vom Schnittmusterbogen**

LOS GEHTS!

1.

Kopiere dir die Katze aus dem Schnittbogen auf Papier und verwende es als **Schablone** (Seite 14).

2.

Lege die Stoffe **rechts auf rechts** aufeinander. **Stecke** das Motiv darauf und **übertrage** es mit einem Bleistift auf den Stoff.

3.

Nimm das Motiv vom Stoff und **stecke** entlang der Linie die beiden Teile zusammen. Wenn du magst, kannst du auch ein Etikett mit einnähen. **Markiere** dir eine Öffnung von ca. 8 cm unten am Bauch der Katze.

Nähe entlang deiner Linie die beiden Teile zusammen. Denk an die Öffnung!

Schneide die Katze aus. **Achte** darauf, dass die Nahtzugaben an den Rundungen etwas **kürzer** sind, oder **schneide** sie zur Naht hin ein (Seite 19). Das kannst du auch prima mit der Zackenschere machen.

Wende die Katze auf die rechte Seite. Mit dem Pfriem oder auch mit einem Essstäbchen aus der Küche oder einer dicken Stricknadel kannst du die Ränder besser formen.

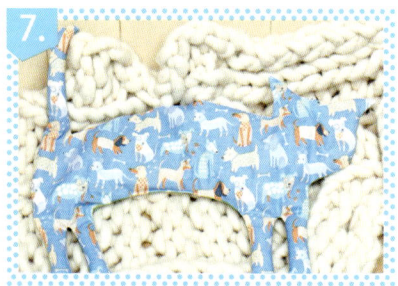

TIPP
Du kannst das Kissen in der Größe etwas anpassen. Dazu brauchst du nur das Schnittteil größer oder kleiner zu kopieren.

Fülle die Katze mit Dinkelspelz oder Kirschkernen, aber nicht zu dick, damit das Kissen sich ankuschelt. Schließe die Öffnung, indem du sie knappkantig nähst (Seite 18). Fertig! Eine Minute in der Mikrowelle macht das Kissen kuschelig warm.

schnipp schnapp

Strandlaken

Ab jetzt kannst du es dir so richtig bequem machen,
auf deinem riesigen Strandlaken!

MATERIAL

☐ Gewaschener Frottierstoff	2 Stücke, beide etwa 155 cm lang und 100 cm breit, evtl. in verschiedenen Farben
☐ Gewaschener Frottierstoff für die Taschen	etwa 55 cm lang und breit
☐ Einfassband aus Baumwolle	etwa 160 cm lang

LOS GEHTS!

1.

Falte den quadratischen Stoff über Eck zur Hälfte und **schneide** ihn an dem schrägen „Bruch" durch.

2.

Stecke und **nähe** (Stichlänge 4 mm) entlang der schrägen Kanten beider Dreiecke das Einfassband zuerst auf die linke Seite auf (Seite 22). Achtung: Bei Frottierstoff ist die etwas „langflorigere" oder auch kuscheligere Seite die rechte bzw. schöne Seite.

3.

Klappe das Einfassband zur schönen Seite um. **Stecke** und **nähe** es dort knappkantig auf (Seite 18).

Stecke und **nähe** die beiden Dreiecke füßchenbreit auf eine der beiden kurzen Seiten eines der beiden großen Stoffe auf. Dazu legst du jeweils Ecke auf Ecke; die Dreiecke liegen in der Mitte etwas über Kreuz. Du nähst nur an den kurzen Kanten entlang.

Lege die beiden großen Stoffe rechts auf rechts aufeinander. **Zeichne** mit einem kleinen Teller oder einem Schüsselchen die Ecken rund ab. **Halte** dabei einen Abstand zur Kante von 1 cm.

Stecke und **nähe** die beiden Stoffe rundherum zusammen, lass dabei an einer der langen Seiten eine Öffnung von ca. 15 cm. Bevor du alles durch die Öffnung auf die rechte Seite ziehst, schneide die Nahtzugabe in den „runden Ecken" etwas kürzer.

Schließe die Öffnung knappkantig. Fertig! Jetzt hast du ein Wendestrandlaken …

… und brauchst nur die Taschen auf die andere Seite umzuklappen, wenn du das Laken anders herum hinlegen willst.

FÜR DEINE FERIEN

Sonnenbrillen-Etui

Ein schicker Schutz für deine Sonnen- oder Lesebrille!

☐	Bedruckter Baumwollstoff für das Futter	30 cm lang und 22 cm breit
☐	Beschichteter Stoff für außen	30 cm lang und 22 cm breit
☐	Volumen-Vlies	30 cm lang und 22 cm breit
☐	Reißverschluss	18 cm lang
☐	Schmuckband	7 cm lang
☐	**Schnittmuster „Sonnenbrillen-Etui" vom Schnittmusterbogen**	

LOS GEHTS!

1.

Klebe das Vlies nach Herstelleran-gaben auf den beschichteten Stoff (Seite 8). Lass dir beim Bügeln von einem Erwachsenen helfen.

2.

Falte die beiden Stoffe rechts auf rechts, sodass die langen Seiten halbiert werden. Lege die beiden Stoffe mit dem Bruch aufeinander.

3.

Kopiere dir das Schnittteil vom Bogen auf Papier (Seite 14). **Stecke** das Schnittteil auf den Stoff – nicht an den Bruch – und **zeichne** es ab. **Nimm** es ab und **schneide** alles zusammen aus. Du hast nun vier Stoffteile.

Stecke zwischen einem Baumwollstoff-Teil und einem Teil aus beschichtetem Stoff den Reißverschluss fest und **nähe** ihn mit dem Reißverschlussfüßchen fest (Stichlänge 3,5 mm).

Mache das gleiche mit der gegenüberliegenden Seite.

Lege und **stecke** die jeweils passenden Stoffe aufeinander. Zwischen die beiden beschichteten Stoffe, die später außen sind, **steckst** du oben am Reißverschluss eine Schlaufe aus dem Schmuckband fest. Achtung, **lass** den Reißverschluss dabei **offen**.

Nähe alles rundherum füßchenbreit zusammen. **Lass** dabei eine **Lücke** an der Seite des Futters von ca. 5 cm. Wo sich die beiden Bögen treffen, **nähst** du 3 Stiche quer. Achtung, die Nahtzugaben des Reißverschlusses liegen in Richtung Futter.

Schneide die Rundungen mit der Zickzackschere etwas kürzer oder **knipse** sie mit der Schere **ein.**

Wende alles auf die rechte Seite und **schließe** die Öffnung im Futter knappkantig.

TIPP
Wenn du die gleichen Stoffe wie bei deinem Shopper wählst, hast du ein tolles Set.

Reisebox

Noch alles schnell in diesem praktischen Täschchen
verstaut, jetzt kann der Urlaub losgehen.

MATERIAL

☐	Bedruckter Baumwollstoff	35 cm lang und 25 cm breit
☐	Beschichteter Stoff	35 cm lang und 25 cm breit
☐	Volumen-Vlies H 630	35 cm lang und 25 cm breit
☐	Reißverschluss	25 cm lang
☐	Schmuckband	2 Stücke, beide 7 cm lang
☐	Gurtband	16 cm lang

Klebe das Vlies nach Hersteller-angaben auf den Baumwollstoff. Lass dir beim Bügeln von einem Erwachsenen helfen.

Markiere dir auf beiden Stoffen an den langen Kanten jeweils rechts und links die Mitte. **Stecke** und **nähe** die gefalteten Schmuckbän-der mittig auf die Markierung des Baumwollstoffs füßchenbreit fest.

Stecke und **nähe** entlang der kur-zen Kante, zwischen dem Baum-wollstoff und dem beschichteten Stoff, den Reißverschluss fest. Die Naht beginnt und endet jeweils im Abstand von 1 cm zur Kante.

Falte die Stoffe jeweils rechts auf rechts und **wiederhole** Schritt 3 mit der jeweils anderen Seite von Reißverschluss und beiden Stoffen.

Stecke und **nähe** die offenen Kan-ten der jeweils passenden Stoffe aufeinander, sodass der Reißver-schluss bei dem Baumwollstoff auf dem Schmuckband liegt und bei dem beschichteten Stoff auf der Markierung. Achtung: **Lass** den Reißverschluss dabei **offen**.

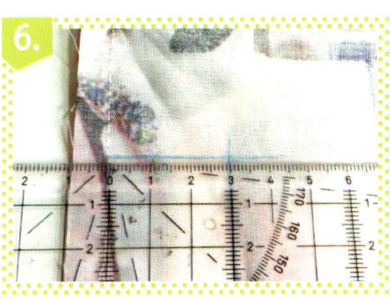

Zeichne dir an allen 8 Ecken im Abstand von 3 cm zur Naht und zur Kante Linien ein.

FÜR DEINE FERIEN

Schneide entlang der Linien die Quadrate aus.

Markiere dir an den kurzen Kanten des Gurtbands die Mitte. **Schiebe** das Gurtband durch den „Tunnel" des Baumwollstoffs und **stecke** die Enden jeweils mittig auf die Naht an den Kanten.

Achtung, das Gurtband kommt auf dasjenige Ende der Box, an dem der Reißverschlussreiter sitzt, wenn die Box geschlossen ist.

Stecke und **nähe** jeweils die offenen Kanten von 7 Ecken zusammen. Eine Ecke im beschichteten Stoff bleibt **offen**.

Wende die Box durch diese Öffnung auf rechts. **Stecke** und **nähe** die Öffnung dann knappkantig zu (Seite 18).

ratter

ratter

Hoodie-Schal und -Loop

Mit diesem tollen Hoodie macht nicht nur das Toben im Schnee
so richtig Spaß!

FÜR DEINE FERIEN

MATERIAL

Für den Hoodie-Schal

☐ Grauer Plüsch mit Sternen   65 cm lang und 45 cm breit

☐ Grauer Plüsch mit Sternen   2 Stück, beide 150 cm lang und 30 cm breit

☐ **Schnittmuster „Hoodie-Schal und -Loop" vom Schnittmusterbogen**

Für den Hoodie-Loop

☐ Türkis-grüner Plüsch mit Sternen   65 cm lang und 45 cm breit

☐ Türkis-grüner Plüsch mit Sternen   2 Stück, beide 115 cm lang und 30 cm breit

☐ **Schnittmuster „Hoodie-Schal und -Loop" vom Schnittmusterbogen**

Hoodie-Schal

1.

Kopiere dir das Schnittmuster vom Bogen auf Papier (Seite 14). **Lege** die lange Seite des kleineren Stoffs in den Bruch, darauf das Schnittteil, **stecke** es **fest** und **übertrage** die Schablone. **Vergiss** die **Markierungen** für die Abnäher **nicht.**

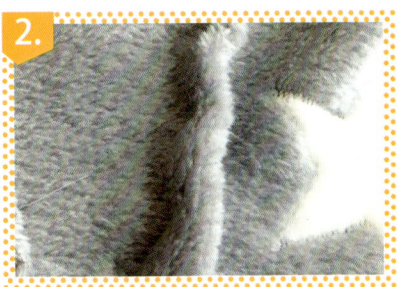

2.

Schneide alles bis auf die Abnäher aus. Zeichne bzw. **übertrage** den Abnäher auf die andere Hälfte des Schnitts. **Stecke** und **nähe** (Stichlänge 3,5 mm) die Abnäher entlang der Linie zusammen, sodass sie zur linken Stoffseite zeigen.

3.

Falte den Stoff wieder **rechts auf rechts** zusammen. **Stecke** und **nähe** die hintere Rundung der Kapuzenteile (Stichlänge 3,5 mm) zusammen.

4.

Bügle die Naht vorsichtig auseinander. Lass dir von einem Erwachsenen dabei helfen. Beide Kanten der Naht **nähst** du mit einem **Zickzackstich** (Stichlänge 4 mm und Stichbreite 6 mm) flach auf. Das ist praktisch und stylish!

5.

Stecke die vordere Kante der Kapuze 1 cm auf die linke Stoffseite und **nähe** sie mit dem **Zickzackstich** flach auf.

6.

Stecke und **nähe** die beiden langen Teile **rechts auf rechts** an einer der beiden kurzen Seiten zusammen.

7. **Bügle** die Naht mithilfe eines Erwachsenen vorsichtig auseinander. Beide Kanten der Naht **nähst** du mit einem **Zickzackstich** (Stichlänge 4 mm und Stichbreite 6 mm) flach auf.

8. **Stecke** und **nähe** das Kapuzenteil **rechts auf rechts** so an den langen Streifen, dass die Nähte beider Teile gegeneinander liegen. **Bügle** die Naht vorsichtig auseinander. Lass dir wieder von einem Erwachsenen dabei helfen.

9. Beide Kanten der Naht **nähst** du mit einem **Zickzackstich** (Stichlänge 4 mm und Stichbreite 6 mm) flach auf. Wenn du am Rand der Kapuze angekommen bist, machst du einfach mit der Nahtzugabe des Loops weiter und **nähst einen Saum** rund um den Schal.

Hoodie-Loop

Die Schritte 1. bis 8. machst du genauso, wie beim Hoodie-Schal beschrieben.

9. **Stecke** und **nähe** die noch offene kurze Kante des Loop-Schals zusammen. Achtung: Die Teile dabei **nicht verdrehen**. **Nähe** die Nahtzugaben mit dem **Zickzackstich** (Stichlänge 4 mm und Stichbreite 6 mm) flach auf.

10. **Bügle** die Ansatz-Naht der Kapuze vorsichtig auseinander. Lass dir wieder von einem Erwachsenen dabei helfen. Beide Kanten der Naht nähst du mit einem Zickzackstich (Stichlänge 4 mm und Stichbreite 6 mm) flach auf.

11. Wenn du am Rand der Kapuze angekommen bist, machst du einfach mit der Nahtzugabe des langen Schalteils weiter. Du **steckst** und **nähst** mit dem Zickzackstich **einen Saum** rund um den Schal, bis du wieder an der Kapuze angelangt bist. **Bügle**, **stecke** und **nähe** auch die untere Kante mit dem Zickzackstich flach auf.

Poncho

Total trendy und super leicht zu nähen. Da kannst
du glatt 'ne ganze Kollektion zusammenstellen.

MATERIAL

Walkwolle	110 cm lang und 55 cm breit
Zierband	insgesamt 230 cm: 1 Stück mit 110 cm Länge und 2 Stücke mit 60 cm Länge
Bommelborte	insgesamt 230 cm: 1 Stück mit 110 cm Länge und 2 Stücke mit 60 cm Länge

LOS GEHTS!

1.

2.

3.

Stecke und **nähe** (Stichlänge 4 mm) entlang einer der langen Kanten die lange Bommelborte auf. Achtung: Das geht einfacher mit dem **Reißverschlussfüßchen** deiner Nähmaschine.

Stecke und **nähe** im Abstand von ca. 2 cm zur Bommelborte das Zierband mit dem Zickzackstich (Stichlänge 4 mm, Stichbreite 3,5 mm) auf.

Stecke und **nähe** dann entlang der kurzen Seiten die Bommelborte auf. Lege dabei am Anfang und Ende die Bommelborte **um die Stoffkante**.

Stecke und **nähe** das Zierband wieder im Abstand von ca. 2 cm neben der Bommelborte auf. **Schlage** dafür am Anfang und am Ende die Borte etwas **ein**.

Falte den Stoff **rechts auf rechts** zum Quadrat zusammen. Stecke und nähe die Kante ohne Borte mit einer Nahtzugabe von 2 cm zu. **Lass** dabei am oberen Ende (wo der Stoffbruch ist) eine **Lücke** von ca. 30 cm. Achtung: Die Borten genau aufeinander legen.

Bügle die Nahtzugaben auseinander. Die offene Kante oberhalb der Naht bügelst du ebenfalls 2 cm um. Lass dir dabei von einem Erwachsenen helfen.

Stecke und **nähe** mit dem Zickzackstich (Stichlänge 4 mm, Stichbreite 3,5 mm) die Kanten flach auf. Fertig!

TIPP
Wenn es dir gefällt, kannst du am Halsausschnitt auch eine Zierborte aufnähen.

FÜR DEINE FERIEN

Reisehörnchen

Mit diesem Hörnchen kannst du im Sitzen schlafen, es stützt den Nacken. Du kannst es z.B. super mit auf Klassenfahrt nehmen.

MATERIAL

☐	Bedruckter Baumwollstoff	50 cm lang und 40 cm breit
☐	Bedruckter Sweaty-Stoff	50 cm lang und 40 cm breit
☐	Buntes Webband	ca. 14 cm lang
☐	**Schnittmuster „Reisehörnchen" vom Schnittmusterbogen**	

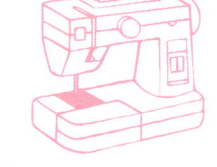

LOS GEHTS!

Kopiere dir das Hörnchen aus dem Schnittbogen auf Papier und verwende es als **Schablone** (Seite 14) auf die eine Hälfte des bedruckten Baumwollstoffs und zeichne sie ab.

Lege und **stecke** die Schablone spiegelverkehrt an die „Bruchlinie" und zeichne sie rundherum ab.

Markiere dir mit einer Stecknadel an der oberen eingezeichneten Nahtlinie die **Mitte**.

Stecke genau auf diese Position, auf die rechte Stoffseite, das zur **Schlaufe** gelegte Webband fest, sodass die Kanten der Schlaufe etwas über die eingezeichnete Nahtlinie hinausragen.

Lege die beiden Stoffe **rechts auf rechts** zusammen, sodass der angezeichnete Stoff oben liegt und die Schlaufe zwischen den beiden Stoffen.

Stecke und **nähe** entlang der Markierungslinie die beiden Stoffe zusammen. **Lass** dabei eine **Öffnung** von ca. 10 cm am oberen äußeren Rand.

Schneide das Hörnchen aus. An den Rundungen müssen die Nahtzugaben etwas kürzer sein oder zur Naht hin **eingeschnitten** werden (Seite 19). Das kannst du auch prima mit der Zackenschere machen. An der Öffnung **lässt** du eine Nahtzugabe von 1 cm stehen.

Wende das Hörnchen auf die rechte Seite und **fülle** es ordentlich mit Füllwatte, aber nur so viel, dass du die **Öffnung** mit Daumen und Zeigefinger bequem zuhalten kannst. Schließe die Öffnung, indem du sie knappkantig mit der Maschine nähst (Seite 18).

TIPP
Übrigens ist so ein Reisehörnchen auch immer ein tolles Geschenk.

Kofferanhänger

Damit du vor lauter Urlaubsfreude nicht den Überblick über dein Gepäck verlierst, sind diese Anhänger einfach perfekt.

MATERIAL

- [ ] Baumwollstoff für die Applikation — 6 cm lang und breit
- [ ] Baumwollstoff für die Schlaufe — 10 cm lang und 6 cm breit
- [ ] Wollfilz in 2 verschiedenen Farben — jeweils 10 cm lang und breit
- [ ] Karabiner oder Schlüsselring
- [ ] Knopf
- [ ] **Schnittmuster „Kofferanhänger" vom Schnittmusterbogen**

LOS GEHTS!

FÜR DEINE FERIEN

1. Kopiere dir **das Schnittmuster** vom Bogen auf Papier (Seite 14). **Lege** die beiden Filzplatten aufeinander, **stecke** das Schnittmuster darauf fest und **zeichne** es rundherum auf.

2. Nimm das Schnittteil wieder ab und **schneide** beide Filzplatten **aus**. Nimm eines der beiden Filzteile und **schneide** mit einer **Zackenschere** die Kante knapp ab.

3. **Zeichne** von Hand ein kleines Herz (oder eine Blume oder auch einen Stern) auf den kleineren Stoff und **schneide** es **aus**.

83

4.

Stecke und **nähe** es auf den gezackten Filz. Es sieht toll aus, wenn es nicht ganz so ordentlich genäht ist und du zweimal in verschiedenen Farben nähst.

5.

Fädle Nähgarn doppelt in eine Handnäh-Nadel ein und **verknote** ein Ende. **Nähe** den Knopf auf dem Herz fest (Seite 20).

6.

Nimm das größere Stoffstück und **bügle** die beiden langen Kanten 1 cm **um**. **Falte** den Stoff an der langen Kante noch einmal zusammen, sodass die Kanten aufeinander liegen, und **bügle** auch hier drüber. Lass dir beim Bügeln von einem Erwachsenen helfen.

7.

Ziehe den Stoff durch den **Karabiner** und **lege** die Stoffschlaufe dann auf das Filzteil mit dem glatten Rand. **Stecke** alles so fest, dass die Stoffenden versetzt übereinander liegen. So wird der Anhänger an dieser Stelle nicht zu dick. **Nähe** quer über die Schlaufe.

8.

Lege das Filzteil mit dem Herz auf das Unterteil. **Achte** darauf, dass der Abstand zu den Kanten gleichmäßig ist. **Stecke** und **nähe** die Filzteile rundherum zusammen.

FÜR DEINE FERIEN

Hülle für Tablet oder E-Reader

Da kann nichts schief gehen: Tablet und E-Reader perfekt geschützt und immer griffbereit.

MATERIAL

Für ein Tablet

☐ Dekostoff oder mit Filz laminierter Stoff — 45 cm lang und 28 cm breit

☐ Baumwollstoff mit Bildern — 82 cm lang und 28 cm breit

☐ Baumwollstoff mit Bildern für die Applikation — so groß wie das Bild

☐ Klebe-Vlies — etwas größer als das Bild

☐ Farbiges Gummiband — 4 Stücke, jedes 17 cm lang

Für einen E-Reader

☐ Dekostoff oder mit Filz laminierter Stoff — 30 cm lang und 22 cm breit

☐ Baumwollstoff mit Bildern — 57 cm lang und 18 cm breit

☐ Baumwollstoff mit Bildern für die Applikation — so groß wie das Bild

☐ Klebe-Vlies — etwas größer als das Bild

☐ Farbiges Gummiband — 4 Stücke, jedes 17 cm lang

Klebe laut Anleitung des Herstellers das Klebe-Vlies auf die linke Seite des Stoffes für die Applikation; lass dir beim Bügeln von einem Erwachsenen helfen. **Schneide** das Bild, hier ein Schmetterling, aus.

Lege den Schmetterling bzw. dein Bild auf den kleineren Stoff und positioniere ihn, wo du möchtest. Trenne das Papier ab und **klebe** das Bild auf. Achtung, hol dir zum Bügeln Hilfe von einem Erwachsenen.

Nähe mit dem Zickzackstich (Stichlänge 0,8 mm, Stichbreite 4 mm) den Schmetterling rundherum fest. Achtung: Wenn du magst, kannst du auch noch Fühler mit der Nähmaschine „aufsticken".

Lege das lange Stoffstück quer vor dich und **zeichne** 4 senkrechte Linien in folgenden Abständen: Für's I-Pad nach 19 cm, nach 38 cm, nach 4 cm, nach 21 cm. Für den E-Reader nach 13 cm, nach 26 cm, nach 3 cm, nach 15 cm. Beginne dabei an der linken Stoffkante.

Falte den Stoff an der ersten Linie (bei 19 bzw. 13 cm) links auf links und bügle ihn mithilfe eines Erwachsenen. **Lege** den gebügelten Bruch auf die nächste Linie (nach 38 bzw. 26 cm).

Stecke und **nähe** die drei äußeren Kanten des Taschenteils füßchenbreit zusammen.

7.

Schlage bei einem Gummiband ein Ende ca. 1,5 cm ein und **befestige** es mit dem Zickzackstich auf dem Band. Mache das an 2 Gummibändern.

8.

Markiere am oberen und unteren Rand die Mitte zwischen der rechten Kante und der ersten Markierungslinie (21 bzw. 15 cm). **Markiere** im Abstand von 12 cm von oben und unten jeweils einen Punkt an der Markierungslinie und an der äußeren rechten Kante.

9.

Stecke die Gummibänder jeweils schräg zwischen Mittelmarkierung und einem der markierten Punkte fest wie auf dem Foto. Achtung, die umgeschlagenen Kanten der zwei Gummibänder liegen auf der Markierungslinie.

10.

Nähe alle Gummibänder auf, und zwar an den äußeren Kanten im füßchenbreiten Abstand zur Kante, an der Markierungslinie direkt auf der Linie.

11.

Lege die beiden Stoffe rechts auf rechts. Stecke und nähe sie zusammen, lass dabei eine Lücke am unteren Rand von ca. 10 cm. **Wende** alles auf die rechte Seite.

12.

Nähe alles rundherum knappkantig ab (Stichlänge 3,5 mm), auch über die Gummibänder. Zum Schluss **stecke** und **nähe** füßchenbreit von oben nach unten neben der Naht, die über die Gummibänder geht.

schnipp

schnapp

Shopper

Der Shopper bietet viel Platz, so kannst du ihn nicht nur für deinen Stadtbummel, sondern auch als Strandtasche verwenden.

MATERIAL

☐ Bedruckter Baumwollstoff   70 cm lang und 18 cm breit

☐ Beschichteter Baumwollstoff mit Punkten   70 cm lang und 32 cm breit

☐ Bedruckter Baumwollstoff für die Griffe   2 Stücke, beide 45 cm lang und 10 cm breit

LOS GEHTS!

1.

2.

3.

Stecke und **nähe** die langen Kanten beider Stoffe rechts auf rechts aufeinander. Achte darauf, dass dein Motiv später nicht auf dem Kopf steht: Der beschichtete Stoff ist unten.

Versäubere die Kante mit dem Zickzackstich (Stichlänge 3 mm, Stichbreite 5 mm).

Damit du nicht bügeln musst, **lege** und **steppe** die Nahtzugabe knapp neben der Naht in Richtung zur unteren Kante.

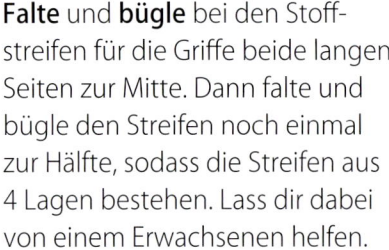

4.

Falte und **bügle** bei den Stoffstreifen für die Griffe beide langen Seiten zur Mitte. Dann falte und bügle den Streifen noch einmal zur Hälfte, sodass die Streifen aus 4 Lagen bestehen. Lass dir dabei von einem Erwachsenen helfen.

5.

Steppe anschließend die beiden Längskanten der Streifen knappkantig ab (Seite 18).

6.

Falte die obere Kante der Tasche rechts auf rechts zur Hälfte. Falte den Stoff noch einmal, sodass der mittlere Bruch 1 cm vor der Kante liegt.

7.

Markiere dir im Abstand von 7 cm von der doppelt gefalteten Kante alle 4 Stofflagen. Achtung: Du kannst auch statt einer Kreidemarkierung einen winzigen Schnitt (Knips) machen, aber nicht zu tief einschneiden.

8.

Lege den Taschenbeutel auseinander und platziere an den Markierungen die Griffstreifen, sodass sie nach unten zeigen. Achtung: Verdrehe die Streifen nicht.

9.

Stecke und **nähe** die Streifen an der oberen Kante fest.

Bügle die obere Kante 1 cm nach links um, dabei werden die Griffe nach oben geklappt. **Bügle** die Kante noch einmal 2 cm um. Achtung: Lass dir dabei von einem Erwachsenen helfen.

Lege die offenen Kanten (Seite und unten) des Beutels rechts auf rechts zusammen. **Stecke** und **nähe** die Kanten zusammen. Achtung, die gebügelte Kante faltest du dabei wieder auf.

Versäubere die Nahtzugaben mit dem Zickzackstich.

Lege die gebügelte obere Kante wieder um. **Stecke** und **nähe** sie knappkantig fest.

Damit die Griffe oben bleiben, **stecke** und **nähe** sie an der oberen Kante noch einmal knappkantig fest, dabei kannst du auch einmal um den ganzen Taschenrand nähen.

TIPP
In die Seitennaht könntest du auch ein Etikett einnähen.

Handy-Kopfhörer-Hülle

Sehr praktisch! Endlich coole Musik hören und telefonieren ohne Kabelsalat!

MATERIAL

☐	Beschichteter Baumwollstoff für die Außenseite	22 cm lang und 18 cm breit
☐	Bedruckter Baumwollstoff für das Futter	44 cm lang und 22 cm breit
☐	Breites farbiges Gummiband	2 Stück, beide 11 cm lang
☐	Kleine, flache Knöpfe	2 Stück

LOS GEHTS!

Zeichne auf die linke Seite des bedruckten Stoffs im Abstand von 22 cm zur oberen Kante eine Linie. Falte den Stoff an der Linie um und **bügle** sie. Lass dir dabei von einem Erwachsenen helfen.

Schlage die Kante zurück und lege sie an der unteren Stoffkante an. **Bügle** auch hier die gelegte Falte mithilfe eines Erwachsenen.

Zeichne eine Markierungslinie mittig über das Faltenteil. **Stecke** und **nähe** entlang der Linie.

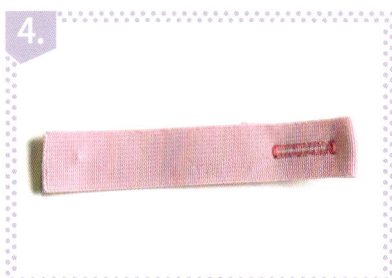

4.

Schlage jeweils ein Ende beider Gummibänder einmal 1 cm und noch einmal 3 cm **um**. **Stecke** und **nähe** es fest. Dann **nähe** ein Knopfloch laut deiner Nähmaschinenanleitung in das dickere Ende. Schneide das Knopfloch vorsichtig auf. Mache das für beide Gummibänder.

5.

Klebe laut Anleitung des Herstellers die Einlage auf die linke Seite des beschichteten Stoffs. **Lege** ihn dann so vor dich, dass seine lange Kante zu dir zeigt. **Markiere** im Abstand von 6 cm zur rechten Seitenkante den Punkt für das obere Gummi und **stecke** es von rechts **auf**. Die eingeschlagene Gummibandseite muss obenauf liegen.

6.

Markiere auf der gleichen Seite die Mitte der seitlichen Kante für das andere Gummiband und **stecke** es auf die rechte Stoffseite. Achtung: Die eingeschlagene Gummibandseite muss obenauf liegen. **Stecke** und **nähe** die Gummibänder fest.

7.

Stecke und **nähe** beide Teile rechts auf rechts aufeinander. **Lass** dabei an der unteren Kante eine **Lücke** von ca. 5 cm. Achte darauf, dass deine in Schritt 3 genähte Tasche an der unteren Kante ist.

8.

Schneide die Ecken schräg ab, ohne die Naht zu verletzen, und **wende** alles auf die rechte Seite.

9.

Steppe alles rundherum mit einem Teflonfüßchen knappkantig ab. **Markiere** die beiden Knopfpositionen innen und außen und nähe die Knöpfe von Hand gut fest.

Messenger Bag

Da diese tolle Tasche schräg über der Schulter getragen wird,
brauchst du für's Fahrrad kein Körbchen mehr.

MATERIAL

☐	Gewaschener Leinenstoff für die Außenseite	100 cm lang und 40 cm breit
☐	Gemusterter Baumwollstoff für das Futter	100 cm lang und 40 cm breit
☐	Gemusterter Baumwollstoff für die Innentasche	40 cm lang und breit
☐	Gemusterter Baumwollstoff für den Stern	22 cm lang und breit
☐	Klebe-Vlies	22 cm lang und breit
☐	Baumwollband für außen	100 cm lang
☐	Baumwollband für den Schlüsselanhänger	80 cm lang
☐	Kleiner Karabinerhaken	1 Stück
☐	Dicke Kordel	240 cm lang
☐	**Schnittmuster „Messenger Bag" vom Schnittmusterbogen**	

FÜR UNTERWEGS

ratter

ratter

Das Schnittmuster für den Stern vom Schnittbogen **kopieren** und **ausschneiden** (Seite 14).

Klebe laut Anleitung des Herstellers das Klebe-Vlies auf die linke Seite des kleinsten Stoffstücks. Achtung: Beim Bügeln bittest du am besten einen Erwachsenen um Hilfe. **Übertrage** die Form der Schablone darauf und **schneide** sie aus.

Lege den Leinenstoff **links auf links** zusammen, sodass die kurzen Seiten aufeinander liegen, und **positioniere** den Stern, wo du möchtest. Trenne das Papier ab und **klebe** den Stern auf. Achtung, hol dir zum Bügeln Hilfe von einem Erwachsenen.

Klappe den Leinenstoff wieder **auf**. **Nähe** den Stern fest, dabei kannst du ruhig über die Kanten hinaus nähen. Das ist einfacher und sieht auch noch toll aus.

Zeichne an der gegenüberliegenden langen Kante parallel zur Kante im Abstand von 6 cm eine Linie ein.

Stecke und **nähe** mit dem Zickzackstich (Stichlänge 3,5 mm, Stichbreite 3,5 mm) entlang der Linie das 100 cm lange Baumwollband auf.

Falte das mittelgroße Stoffstück **rechts auf rechts** zur Hälfte. **Stecke** und **nähe** die langen Kanten zusammen. Wende das Stück auf rechts und **bügle** es flach (mit Hilfe eines Erwachsenen).

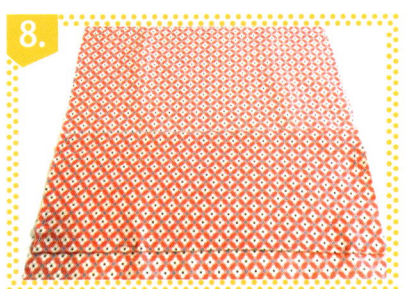

Stecke und **nähe** es im Abstand von 22 cm zu einer der schmalen Seiten auf das große Stoffstück, aber nur die beiden Seiten und die untere Kante.

Stecke und **nähe** in der gewünschten Aufteilung senkrecht über die Innentasche. Achtung: Wenn eine der Taschen für dein Handy sein soll, **lege** es im Abstand von 3 cm zur Seitennaht **auf, zeichne** an seinem Rand entlang eine Linie und **nähe** diese ab.

Lege den Baumwoll- und den Leinenstoff genau **rechts auf rechts** aufeinander.

Klappe die Stoffe noch einmal zusammen, sodass der Futter-Stoff (also der Baumwollstoff) innen liegt. Nimm einen **kleinen Teller** und zeichne die Kanten rund ab.

Stecke und **nähe** die Rundungen und die oberen Kanten aufeinander. **Lass** dabei an einer der oberen Kanten eine ca. 10 cm große **Lücke** in der Mitte der Kante.

Ziehe die Stoffbeutel auseinander und **lege** jedes Beutelteil für sich **rechts auf rechts** aufeinander. **Stecke** und **nähe** beide langen Kanten zu, dabei nähst du auch über die Nahtzugabe der jeweiligen Rundungen.

Ziehe vorsichtig alles durch die Öffnung auf die rechte Seite und **bügle** alles flach. Achtung, lass dir von einem Erwachsenen helfen.

Stecke in die Öffnung den Karabiner mit dem noch übrigen Baumwollband. Nähe die Öffnung von Hand zu; über dem Band nähst du dabei doppelt.

Zeichne parallel zu den oberen Kanten im Abstand von 5 cm je eine Linie ein. **Lege** den Stoff an der Linie nach innen um. **Stecke** und **nähe** ihn knappkantig fest.

Ziehe die dicke Kordel durch beide Tunnel und **verknote** die Enden miteinander.

Haarbänder

Passend zu deinen Lieblingsklamotten!
Davon kann man einfach nicht genug haben.

MATERIAL

☐	gemusterter Baumwollstoff für vorne	2 Stücke, beide 45 cm lang und 12 cm breit
☐	gemusterter Baumwollstoff für hinten	2 Stücke, beide 30 cm lang und 5 cm breit
☐	Gummiband	2,5 cm breit, ca. 15 cm bis 20 cm lang
☐	**Schnittmuster „Haarband" vom Schnittmusterbogen**	

LOS GEHTS!

1.

2.

3.

Falte die beiden langen Stoffstücke jeweils rechts auf rechts, so dass die lange Seite halbiert wird, und **lege** sie dann aufeinander.

Kopiere dir das Schnittteil aus dem Schnittbogen auf Papier (Seite 14) und **lege** es auf die gefalteten Stoffe, Bruch auf Bruch. **Übertrage** das Schnittteil mit einem Bleistift auf die linke Seite deines Stoffs und nimm das Schnittteil wieder ab.

Klappe beide Teile auf und **lege** sie rechts auf rechts aufeinander. **Stecke** und **nähe** füßchenbreit entlang der langen Kanten. Dies machst du auch mit den beiden kürzeren geraden Stoffstreifen. Achtung: Die kurzen Enden bleiben überall offen.

4.

Wende beide Teile auf die rechte Seite. **Bügle** die Kanten etwas flach. Bei dem breiteren Teil **legst** du die offenen Kanten ca. 1 cm nach innen und **bügelst** diese auch. Lass dir dabei von einem Erwachsenen helfen.

5.

Miss das Gummiband so ab, dass es zusammen mit dem langen Stoffschlauch so lang ist wie dein Kopfumfang. **Ziehe** mithilfe einer Sicherheitsnadel das Gummiband durch den schmaleren Schlauch.

6.

Stecke und **nähe** beide Gummibandkanten mit den Stoffkanten zusammen.

7.

Schiebe die Enden mit dem Gummiband ca. 1 cm in die Öffnungen des zweiten Schlauches. **Stecke** und **nähe** alle Teile knappkantig zusammen. Achte darauf, dass die Bänder nicht verdreht sind.

TIPP
Anstelle des Stofftunnels mit Gummiband kannst du auch einfach witzige und bunte Gummibänder an das breite Stoffteil nähen.

Geldbörse mit Bügelverschluss

In dieser schicken Geldbörse kannst du dein Taschengeld sicher verwahren und hast es immer griffbereit.

MATERIAL

☐	Baumwollstoff für die Außenseite	50 lang und 25 cm breit
☐	Baumwollstoff für das Futter	50 lang und 25 cm breit
☐	Volumenvlies H 640	50 lang und 25 cm breit
☐	Taschengriff „Alegra"	1-mal
☐	Textilkleber	1-mal
☐	**Schnittmuster „Geldbörse" vom Schnittmusterbogen**	

LOS GEHTS!

1.

Kopiere dir das Schnittmuster vom Bogen auf Papier (Seite 14).

2.

Beklebe den Stoff, der später außen ist, auf seiner linken Seite mit dem Volumenvlies, so wie es der Volumen-vlies-Hersteller beschreibt. Achtung: Da du ein **Bügeleis-en** dafür benötigst, lass dir von einem Erwachsen **helfen.**

3.

Falte jeden der beiden Stoffe **rechts auf rechts**, sodass die lange Seite halbiert vor dir liegt. **Lege** beide Stoffe so aufeinander, dass die Stoff-brüche übereinander liegen.

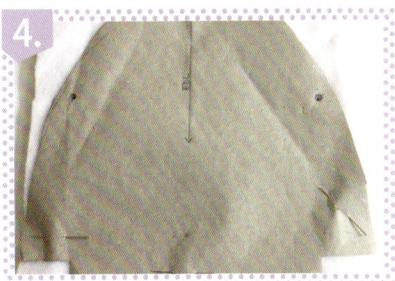

Lege das Schnittmuster so auf die Stoffe, dass auch hier die mit „Bruch" gekennzeichnete Kante auf dem **Stoffbruch** liegt.

Stecke das Schnittteil fest und **zeichne** es rundherum **auf**. Vergiss nicht, auch die **Kennzeichnungspunkte** auf deine Stoffe zu **übertragen**. Nimm das Schnittteil wieder ab und **schneide** beide Stoffe zusammen **aus**.

Nimm die beiden Stoffteile voneinander herunter, aber lass jedes zusammengeklappt. **Stecke** und **nähe** jedes Teil an den Seiten von der unteren Kante bis zum Markierungspunkt (Stichlänge 3,5 mm) füßchenbreit zusammen.

Stecke und **nähe** die unteren offenen Kanten, die sich gegenüberliegen (sichtbar als Ecke), aneinander.

Wende das Teil, das später außen ist, auf die **rechte** Stoffseite und **stecke** es vorsichtig in die spätere Futtertasche. **Stecke** und **nähe** die offenen Kanten beider Teile zusammen. **Lass** dabei auf einer Seite oben eine ca. 6 cm große **Lücke** in der Mitte.

Wende nun alles durch die Öffnung auf die rechte Seite und **bügle** die obere Kante etwas flach. Bitte für's Bügeln einen Erwachsenen um Hilfe.

FÜR UNTERWEGS

107

Damit das Nähen von Hand etwas leichter ist, **fixiere** mit etwas Kleber die oberen Kanten des Beutels in **die Bügel** und drücke sie vorsichtig fest. Dazu kannst du auch ein Stäbchen zur Hilfe nehmen. Achtung, **lass** den Kleber etwas **antrocknen.**

Fädle Nähgarn doppelt in eine Handnäh-Nadel ein und verknote ein Ende. **Nähe** mit der Hand den Stoffbeutel und den Bügel durch die vorgegebenen Löcher zusammen, indem du von hinten in das nächste Loch stichst und auf der Vorderseite wieder eins zurück.

TIPP
An den Ösen des Bügels kannst du selbstgemachte Quasten aus Garn anbringen.

schnipp

schnapp

Sitzkissen

… fürs Stadion, Festivals oder Freiluftkino.
Super auf jeden Fall für drinnen und draußen.

MATERIAL

☐ Baumwollstoff für die Vorderseite   45 cm lang und breit
☐ Baumwollstoff für die Rückseite   45 cm lang und breit
☐ dickes Quilt-Vlies als Einlage   2 Stücke, jeweils 40 cm lang und breit

LOS GEHTS!

1.

Zeichne mit dem Geodreieck und deiner Kreide auf beide Seiten (innen und außen) deiner Stoffe rundherum eine **Linie** mit 2,5 cm Abstand zum Rand. Mit einem langen Lineal **zeichne** außerdem jeweils auf die rechte Stoffseite ein **Kreuz** von Ecke zu Ecke.

2.

Lege jeweils auf die linke Stoffseite innerhalb der Linien das **Quilt-Vlies** auf deinen Stoff. **Stecke** es mit wenigen Nadeln fest und **drehe** alles um, sodass dein Stoff oben liegt.

3.

Stecke entlang der Kreuzlinien das Vlies fest und **entferne** die Hilfsnadeln vom Umdrehen. **Nähe** entlang der Kreuzlinien den jeweiligen Stoff und das Vlies zusammen.

109

4.

Stecke und **nähe** (Stichlänge 3 mm) beide Teile entlang der eingezeichneten Linien rundherum zusammen.

5.

Stecke und **nähe** noch einmal über das mittlere Kreuz in beide Richtungen je ca. 4 cm die Stoffe zusammen.

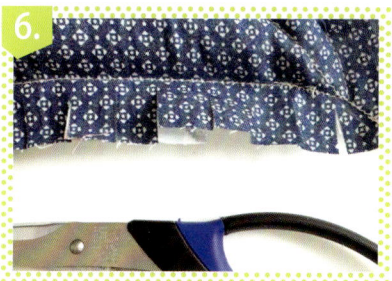

6.

Mit der Schere machst du rundherum, im Abstand von ca. 1–1,5 cm, kleine **Einschnitte**. Achte darauf, dass du die Naht nicht verletzt.

7.

Das Kissen kommt nun direkt in die **Wäsche** bei ca. 30° Grad und danach in den **Trockner**. Das macht am besten deine Mama für dich. Zwischen dem Waschen und Trocknen das Kissen einmal **zurechtziehen**. Fertig.

TIPP
Damit du das Kissen unterwegs besser tragen kannst, nähe doch an eine Ecke einfach eine Schlaufe aus einem passenden Band.

FÜR UNTERWEGS

Impressum

Bibliografische Information der Deutschen Bibliothek.

Die Deutsche Bibliothek verzeichnet diese Publikation in der deutschen Nationalbibliografie.
Detaillierte bibliografische Daten sind im Internet über http://www.d-nb.de/ abrufbar.

Alle in diesem Buch veröffentlichten Abbildungen sind urheberrechtlich geschützt und dürfen nur mit ausdrücklicher schriftlicher Genehmigung des Verlags gewerblich genutzt werden. Eine Vervielfältigung oder Verbreitung der Inhalte des Buchs ist untersagt und wird zivil- und strafrechtlich verfolgt. Das gilt insbesondere für Vervielfältigungen, Übersetzungen, Mikroverfilmungen und die Einspeicherung und Verarbeitung in elektronischen Systemen.
Die Projekte aus diesem Buch sind nur für den persönlichen Gebrauch bestimmt oder als Spende an gemeinnützige Organisationen und Einrichtungen sowie als Ausstellungsstücke mit dem Vermerk auf den Urheber:
Design: © 2016 Edition Michael Fischer aus dem Buch „Durchstarten an der Nähmaschine 2".
Für die kommerzielle Verwendung der Vorlagen und fertiggestellten Projekte muss die Erlaubnis des Verlags vorliegen.
Die im Buch veröffentlichten Aussagen und Ratschläge wurden von Verfasser und Verlag sorgfältig erarbeitet und geprüft. Eine Garantie für das Gelingen kann jedoch nicht übernommen werden, ebenso ist die Haftung des Verfassers bzw. des Verlags und seiner Beauftragten für Personen-, Sach- und Vermögensschäden ausgeschlossen.
Bei der Verwendung im Unterricht ist auf dieses Buch hinzuweisen.

EIN BUCH DER EDITION MICHAEL FISCHER
1. Auflage 2016

Alle Rechte dieser Ausgabe bei © 2016 Edition Michael Fischer GmbH, Igling

Covergestaltung: Verena Raith
Fotos, ausgenommen Anleitungsfotos: Domenik Broich, Düsseldorf
Lektorat: Ute Wielandt, Baar-Ebenhausen
Layout: Verena Raith
Satz: Sarah Alsgut
Produktmanagement: Saskia Wedhorn

ISBN 978-3-986355-564-1

Printed in Slovakia

www.emf-verlag.de

Bis bald!

Tschüss

Jetzt bist du schon am Ende des zweiten Buchs angekommen. Ich hoffe, du hattest Spaß und ganz viele kreative Einfälle! Vielleicht hast du sogar Ideen gekriegt, was du noch alles nähen könntest. Denn eins kann ich dir versprechen: Wenn du einen wunderschönen Stoff entdeckst, kribbelt es dir bestimmt in den Fingerspitzen, und du kriegst Lust, mal wieder so richtig an der Nähmaschine durchzustarten! Großes Eichhörnchen-Ehrenwort!

Danke

Ich bedanke mich bei allen, die mich während des Schreibens unterstützt und auch motiviert haben: meinem Mann Andreas, der mich nicht nur toll berät, sondern auch Nerven wie Drahtseile hat. Steffi, der guten Seele aus dem Atelyeah, die mir während der letzten Zeit viel Arbeit rund ums Atelyeah abgenommen hat. Domenik, dem Fotografen, und all den Kindern aus dem Atelyeah für die tollen Bilder. Meinen lieben Freundinnen ein herzliches Dankeschön, dass ihr immer für mich da seid … und allen, die dieses Buch möglich gemacht haben. Ich danke den Firmen Stoffe.de (www.stoffe.de), Butinette (www.butinette.de) und Brother (www.brothersewing.de) für die Unterstützung.

Über die Autorin

Für Michaela Drosten war das Handarbeiten schon von Kindheit an Passion. Bereits mit 7 Jahren strickte sie ihren ersten Pulli! Sie ist gelernte Schneiderin und Diplomingenieurin für Bekleidungstechnik mit Schwerpunkt Design. Als hundertprozentige Herzensangelegenheit gründete sie 2012 das Atelyeah, die Kreativwerkstatt in Mönchengladbach. Dort hilft sie Kindern und Erwachsenen bei der Umsetzung ihrer Kreativprojekte. Außerdem entwickelt sie immerzu neue kreative Ideen, die die Besucher in vielen Workshops im Atelyeah nacharbeiten können. Einige findest du in diesem Buch und im ersten Band von **Durchstarten an der Nähmaschine**. Falls du mal in der Nähe bist, statte doch dem Atelyeah und Michaela einen kleinen Besuch ab. Hier findet man das Atelyeah im Internet: www.atelyeah.info